湛庐文化 Cheers Publishing
a mindstyle business
与思想有关

BORN

[美] 克里斯·吉耶博（Chris Guillebeau）◎著

严亚慧◎译

FOR

这才是我要的工作

THIS

浙江人民出版社
ZHEJIANG PEOPLE'S PUBLISHING HOUSE

谨以此书献给我的兄弟兼好友

Kenneth L. B. Dauer

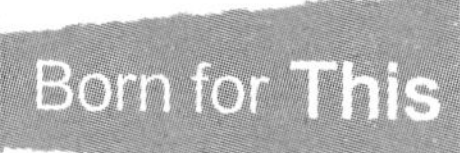

各方赞誉

本书是迷失于职场百慕大之人的启明灯。作者深入浅出，为读者提供生活与工作的全新思维方式。是时候不再将就了，只要你相信，人人都可以抽中赢得理想工作的职场中奖彩票！

琦琦

行动派创始人

在职场，能走多远、能走多快，开始于认知，收获于行动。认知和行动是我们职场进击的双引擎，也是我们拉开与他人差距的密钥。这本书结合了当今最前沿的职场趋势，打破固有思维，传递新鲜、实用的职场玩法，帮你找到最佳的职场之道。

钟金来

TalentGuide 联合创始人

每个初入职场的人都会经历一个迷惘阶段，我也不例外，直到我听见来自内心的那个声音：坚持并心怀希望。最终，我成为一个背包旅行 18 年的职业旅行者。如果你也感到迷惘，说不定能从这本书中找到答案。

小鹏

《背包十年》作者

工作如同呼吸，是主动与被动的重复。如果你想在枯燥无味的工作里找到新鲜活力和变化方式，这本书提供了值得参阅的思维方式。

乔小刀

音乐人，设计师

很多人以为自己讨厌工作，其实不然，我们讨厌的并不是工作，而是日复一日地做着自己不喜欢又毫无意义的事情。那世界上有没有那种既能给我们带来金钱，又能给我们带来满足和快乐的工作呢？有！因为越来越多的人已经过上了这样的生活，但这样的工作不会从天而降，而是需要我们自己主动去创造。如何创造呢？《这才是我要的工作》应该能给你想要的答案和启发。

Susan Kuang

自媒体人，《斜杠青年：如何开启你的多重身份》作者

我曾经7年换过6份工作、转行3次，只是因为一直纠结于：到底什么才是我想要的工作。我和很多职场人一样，在“我想做的、我喜欢的”和“我能做的、能养活我的”选项之间迷茫过。这本书将带着你跳出原本的纠结，找到理想工作的核心标准：快乐、金钱、心流，这是让梦想逐渐落地的法宝。希望更多的人尽早读到这本书。

小川叔

Linkedin中国专栏作家，在行职场咨询师，《扛得住，世界就是你的》作者

大部分人提起自己的工作时，总有着这样和那样的不满意。有些人选择继续忍受，有些人选择跳槽，但又一次陷入患得患失的境地中。在我开始做理财教育以前，我也曾陷入过这样的境地。本书的作者通过个人的经历与一个个可达到的小目标，最终帮助我们实现梦寐以求的大目标：找到一份自己心仪、收

入优渥还充满意义的工作。听上去是不是不可思议？试着开始阅读吧。

简七君

简七理财创始人

作为一名咨询师，我常常会遇到很多在职场和人生规划上心存各种困惑的人，大部分人在这些困惑面前，选择了妥协和隐忍。《这才是我要的工作》引导我们从自身出发，探索出在当下最适合自己的工作。那么，你该如何沿着找到自己感兴趣的工作这条线往下发展呢？这本书也有很多很好的心法和可落地的实操性方法，如果你想活得更明白，这本书可以帮到你。

Angie

Angie 同名公众号创始人，《学习力》作者

《这才是我要的工作》充满了鼓舞人心又切实可行的建议，它会教你发展新的业务流、建立你的粉丝群以及创造你梦想中的工作。如果你正在寻找一个能够帮助你在职场前沿找到立足点的人，克里斯·吉耶博就是。

丹尼尔·平克

《全新思维》《全新销售》《驱动力》作者

我们在工作中最大的贡献不是“多做一件事”，而是做好我们职业生涯中的每一件事。无论你处于旅程的哪个阶段，《这才是我要的工作》都将为你提供可以加速整个冒险进程的心态和技能。

格雷戈·麦吉沃恩

《纽约时报》畅销书《精要主义》作者

克里斯·吉耶博让获得理想工作这件事对人们来说不再只是梦想。《这才是我要的工作》凭借可行的工具和鼓舞人心的建议，成为那些渴望找到完美职业路径的人的必读书籍。

苏珊·凯恩

《纽约时报》畅销书《内向性格的竞争力》作者

《这才是我要的工作》这本书极其实用，充满了真实案例。对于那些想要找到不仅能带来收入，而且能带来真正幸福的工作的人，这本书是必备指南。

格雷琴 · 鲁宾

《纽约时报》畅销书《幸福计划》与《比从前更好》作者

克服当前生活的惰性并创造出更好的东西需要真正的勇气。但是如果你有计划，朝着积极转变迈进就会容易得多。克里斯 · 吉耶博不仅给我们带来了希望，告诉我们爱上工作是可能的，而且为我们追求更好的职业生涯规划了一条可行路径。

肖恩 · 埃科尔

《纽约时报》畅销书《幸福原动力》作者

7 年前，我坐下来充满敬畏地读一个叫克里斯 · 吉耶博的家伙写的博客。当时我坐在一个小格子间里，我简直不敢相信他写到的希望和努力。7 年后，他对于我和数百万喜欢他作品的人来说，仍然是一位智者。如果你想知道："接下来我应该做什么？"那就读这本书吧！

乔恩 · 阿卡夫

《纽约时报》畅销书《奋斗的正确姿势》作者

肯定有人会说这个，所以让我第一个说："克里斯 · 吉耶博命中注定要写这本书。"他提供了一个鼓舞人心并且好用到不可思议的渐进指南，教你发现或创造出你的理想工作。

A. J. 贾各布斯

《纽约时报》畅销书《我的圣经狂想曲》（*The Year of Living Biblically*）、《我的生活试验》（*My Life as an Experiment*）、《我的大英百科狂想曲》作者

序言

来一次人生进击

洋葱新闻网（the Onion）的一篇头版文章曾宣称："人们会自我催眠他现在所做的工作就是自己想要的。"工作是什么？讽刺性报道可能会把它描述成摧人意志、令人生厌的东西，人们因为别无选择，所以只能自我欺骗说："能这样一眼看到老也不错。"

在某种程度上，好的讽刺性作品就是现实生活的写照，很多人实际上正深陷于令人崩溃的工作而不得脱身。如果你被困在一条看得到底的人生轨迹上，眼下似乎就只有两种选择：安于现状或者顾此失彼。

在第一种情形下，你选择认命，继续在现在的工作中煎熬，终日郁郁寡欢。你一生中三分之一的时间都在做自己不喜欢的事情，但你并不打算做任何改变。实际上，第一种情况很常见，很多人都这样。因为看不到出路，所以他们从工作中抽离出来，试图在别处寻找人生的意义。

在第二种情形下，你决定节衣缩食，找一份能解决温饱但不会占用全部时间的工作。你不喜欢这份工作，不过没关系，因为你有时间做自己喜欢的事情。而且，或许你喜欢的工作的薪水不是很可观，所以你只能接受这种牺牲。

这两种选择原则上都没错，但吸引力都不够。如果你不用将就呢？如果你能找到自己真正热爱的工作，并且不用每晚靠拉面果腹呢？为什么不能两者兼得？

事实上，你的确可以做到。通过这本书你会发现，有些人设法找到了这样的工作。他们赢得了职场大奖，而这样的结果并不都是运气所致。无论是因为才华出众，还是因为反复尝试，他们都找到了命中注定的工作，这才是最重要的。

这本书也将帮你找到命中注定的工作。如果你不想纠结于两个不尽如人意的选择，这本书将会给你第三种选择。

重要的不是你能做什么，而是应该做什么

这本书主要分为两个部分。第一部分会教你很多经验，帮助你发现并找到真正想要的工作。在第二部分，你将通过使用不同的策略和技巧去探索一系列选择，从而学会运用那些经验。

你从这两个部分学到的东西都非常实用，但并非所有东西都适合你，不过没关系，这本书内容很丰富，你可以关注那些你感兴趣并可以帮助你达成目标的内容。

这本书也将颠覆很多关于生活和工作方式的主流看法。你将发现，一些关于理想职业的常规假设误入了歧途或者完全错误。不过，你还有一条更好的路可以选择，它将带你找到命中注定的工作。这本书将会帮你发现这条路。

因为我们要一起改变世界，所以这本书中有一些你可能从未遇到过的词语。以下是部分词语的简单介绍：

- **脱逃术**（Escapology）：脱离不能满足你需要的工作或环境的技艺。
- **连续重置**（Serially resetting）：每隔几年改变一下你的生活和工作。
- **心流**（Flow）：做好自己喜欢的事情时达到的忘我状态。
- **副业**（Side hustle）：工作之余的挣钱手段。
- **数字资产**（Digital asset）：完全存在于线上的创收项目。
- **淘金**（Gold rush）：挣大钱的短期机会。
- **伞型职业**（Umbrella profession）：一种在统一主题下包含多种工作或角色的职业。

我希望在本书结束的时候，以上这些以及很多你将从本书中学到的其他概念，不只是增加了你的词汇量，而且能给你提供关于如何生活与工作的全新思维方式。

你要对你自己的成功负责

这本书并不是告诉你怎样辞职然后开始创业（这方面的书我已经写过一本）。对于理想职业，没有放之四海而皆准的模型，也并非每个人都想去创业。

即便你领着固定的薪水，也没有想过创业，但能意识到你本质上仍是为自己工作这一点很重要。没有人会与你一样关心你的兴趣所在，所以你应该做出积极的决定，尽可能地对自己的成功负责。本书将让你在这些方面获得优势。即使你完全没有创业的意愿，同时为传统雇主工作得很开心，书中也有很多策略和技巧可以帮你将现有职位变成命中注定的工作。

最后，请注意这本书是以行动为导向的。你将明白做一些特定事情的重要性，当然你也可以将很多工具马上拿去使用。如果你很忙，我在下面为你列出了一些即时行动计划对应的页码。不过，为了达到最佳效果，请不要跳过第 2

章的快乐 – 金钱 – 心流模型（Joy–Money–Flow），该模型在本书其他地方均会提及。

- **挣更多的钱**：第 123 ~ 124 页；
- **求职必杀技**：第 150 ~ 152 页；
- **解决职业困境**：第 90 ~ 91 页；
- **胜任你现有的工作**：第 161 ~ 167 页；
- **“和平”辞职**：第 51 页；
- **获得更高的薪水或福利**：第 167 ~ 169 页；
- **副业变全职**：第 127 ~ 128 页；
- **做自己的伯乐**：第 54 ~ 57 页；
- **围绕技能、热情和爱好开展事业**：第 203 ~ 206 页。

接下来的 13 章还有很多像这样的策略和行动指南，它们会以不同的方式帮你在事业上做出重大转变及改进。

既然你能读到这里，那我猜你并不安于现状，也不想再默默忍受。让我们一起憧憬更美好的未来吧。

目录

第二步 | 行动清单

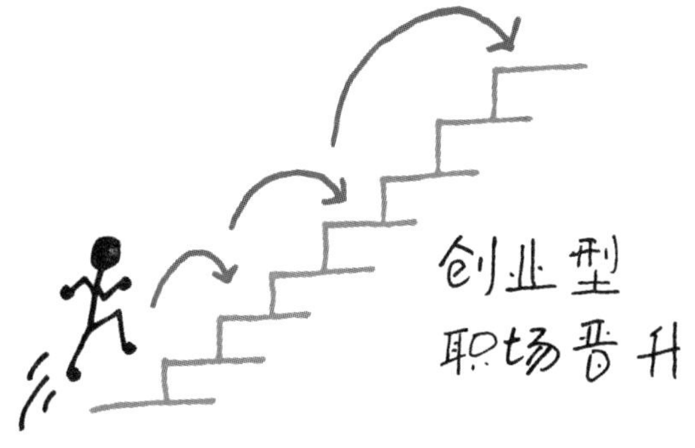

第一
火星

第一步

打破认知

BORN FOR THIS
艺术
小生意
开动物园
间隔年
出国工作
产品设计
志愿者
How to Find the Work You Were Meant to Do

想了解这本书的 5 大要点吗?
扫码下载“湛庐阅读”APP，
搜索“这才是我要的工作”获取彩蛋

什么是彩蛋

彩蛋是湛庐图书策划人为你准备的更多惊喜，一般包括①测试题及答案②参考文献及注释③延伸阅读、相关视频等，记得“扫一扫”领取。

热情并不是被发现的

目标

抽到职场中奖彩票

有很长一段时间，我认为自己应该寻找一些热情。如今我意识到，热情并不是等着被发现的，而是被创造出来的。但是大部分人的努力程度还不足以使他们对工作产生热情，我想过于神化热情是他们职场失意的最主要原因。

梅洛迪

25 岁，系统及流程架构师

通向职业成功的路不止一条，但你肯定想找到最好的那条，做你命中注定的工作。你想要抽到职场中奖彩票，找到一个不像是工作的职位或职业。要实现这个目标，你需要从思维、策略和行动上做出改变。

如果你明天中了彩票，你的生活会有怎样的不同？

有些人可能会直奔豪车行，开着酷炫的新座驾回家，然后预订一趟加勒比海旅行。有些人可能会还清所有债务，再将剩余的钱拿去投资，未雨绸缪。还有些人会不以为意，将钱捐给慈善机构。

换成职场，我们假定的中奖者可能也会做出不同的反应。有些人会立即辞职，悄然离开。有些人会借机反思他们真正想做的，然后趁着资金就位放手一搏，去做他们梦寐以求的事情：可能是在博拉博拉岛（Bora-Bora）开一家冲浪店，在撒哈拉以南的非洲创建一个非营利性机构，也可能是建立一家科技创业公司。

有些真正的幸运儿看着这笔奖金会说："奖金很丰厚，不过我对现状很满意。也许我会去海边度个假，买那台我一直想要的车，但潇洒一圈之后还是会回来工作。"

不必纠结，这些答案没有绝对的对与错。如果你中了彩票，奖金就随你支配。哪怕你很喜欢现在的工作，中彩票也依然可以鼓励你重新审视自己。如果不用考虑钱，你是否还会像现在这样热爱你的工作呢？

工作不是生活的全部，但我们会花费很多时间在工作上。但对于有些人，工作就是他们的全部，他们热爱自己的工作，就好像这是为他们量身打造的一样，仿佛他们生来就是为了完成这个使命。如果你曾从事自己喜欢的事情，并能从中获取报酬，你就会知道这是一种怎样的体会。如果你还没有切身体会过，也可能从别人身上看到过。

你是否偶遇过失联多年的儿时玩伴？可能是在社交网络，也可能是在咖啡馆，不管在哪里碰到，你肯定会听说这个人过去几十年做了些什么，你会发现自己对此毫不感到意外。她就应该做一名律师，因为她总是关注细节并且天性好奇；他就应该去当老师，因为他总是很有耐心，办事有条不紊。

这些人是职场上的赢家，他们找到了命中注定的工作。正因为如此，他们不仅更快乐，而且更容易成功。

不管怎样，这些人基本手握职场中奖彩票。**这也是我们所有人的目标：找到一份像是娱乐的工作，但依旧有意义并且薪水可观。**

赢得巨额奖金当然很棒，但更重要的是找到你命中注定的工作。本书将帮你赢得另一种彩票，它不是那种从天而降的巨额支票，可以让你去车行或普拉达专卖店挥霍的意外之财。

它会更好。

你做什么工作

这个问题你可能听过不下千遍，不管是在聚会上、社交活动中、孩子的足球比赛上，还是其他场合。根据你被问到时的境况，这个问题可能会让你兴奋、害怕或介于两者之间。

当然，这个问题的意思是:“你是做什么的?”在以上那些情况下，它通常指的是:“你做什么工作?”我在写这本书的时候，向数百人问过这个问题。以下是其中几个人的回答，我有所删减。

针灸师:“我帮助那些靠传统医疗手段不能解决问题的病人，以及那些寻求更自然的养身方式的人群。”

在线社区经理:“我整天像是在玩打地鼠游戏。用现实的话来说，我是一名社区经理，工作内容无所不包：从组织企业主研讨会到联系媒体，从策划聚会到拉活动赞助，从社群营销到深夜对抗煽动性言论。”

陶艺家:“我跟别人说我已经退休了。在为‘人’工作了这么多年以后，我真的觉得自己已经退休了。但不要被我骗了，实际上我比以前更加卖力，我热爱这份工作，但是只有与营销和记账相关的20%的部分看起来像是工作而已。”

牧民:“我还没有一个标准答案。有时我说自己是一名作家，有时说自己是一位导演。要是我胆儿够肥，我也许会说自己开着野营车旅行，然后不做过多解释。”

“你做什么工作？”这个问题的答案五花八门，远比大部分人想象的有趣，尤其是当这些回答不只是“我是一名老师”或“我在杂志社工作”这样模糊的表述时。而比这些答案更有趣的是很少被问及的后续问题：你为什么做这份工作？那么，世间“三百六十行”，人们如何找到自己命中注定的工作呢？

如何找到命中注定的工作

不排除有些天才从小就知道自己长大后要做什么，以及它会以何种形式达成。但对于我等凡夫俗子，这个问题从来没有那么简单。工作不会从天而降，落到我们脚边，然后我们只需捡起来，并把它们当作生活最好的安排。

简而言之，每个人职业生涯的打开方式不尽相同。在我们朝着一份职业或一系列职业前进的途中，大部分人会经历很多不同的工作体验，有的令人沮丧，有的棒极了。当然，你可以从任何一份工作中学到东西，但大多数时候，比起发现我们想做的事，我们更多地会了解到哪些事情我们不想做。

当我问那些找到“命中注定的工作”的人，他们是如何一步步成为针灸师、公务员、老师或从事其他职业的人时，他们的回答都有一个共同点：寻找的过程费时费力、充满坎坷，但他们一直朝着目标前进。他们坚信目标会实现，当遇到挫折时，他们会想办法绕开。

你可能知道《未选择的路》（*The Road Not Taken*）这首诗，这是罗伯特·弗罗斯特（Robert Frost）的经典诗歌。诗的内容是，在一个岔路口，人们只能选择一个方向。最后，诗人选了“人迹更少的一条”，并告诉我们

“一切都大不相同”。好诗！但你猜怎么着？也许选哪条路无关紧要，因为在现实生活中，条条大路通罗马。

如果时光倒流，从诗人做出另一个选择开始，给这首《未选择的路》写个续集会发生什么？也许结果就不那么富有诗意了：“嘿，朋友们，我回去走了之前没有走的那条路，还是到了我想去的地方！两个选择的结果一样。”

所以获得普利策奖的是弗罗斯特，而不是我。但关键在于，我们要从中了解到，在面临人生道路上的抉择时，真的有多条路可以选。

生活中不仅有很多出路，而且很多选择都可以让你幸福。即便如此，有些出路还是要优于其他的。当然，在很多情况下你都会很幸福，但为什么不选择做那些让你更幸福的事情呢？

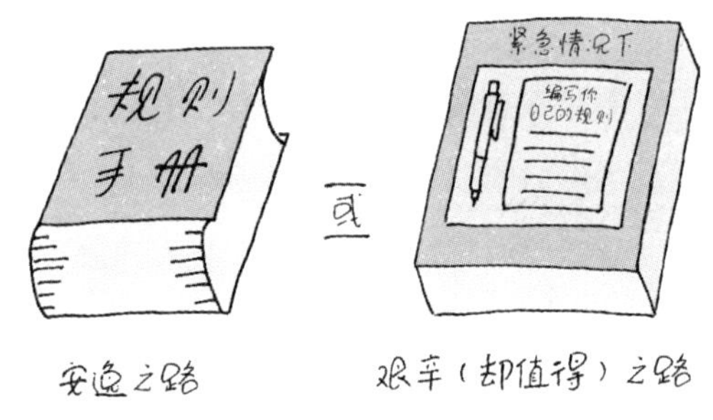

如果有些路确实优于其他，那么就可能有一条最好的路，甚至有可能会实现一个完美的结合：你有偿做着自己热爱的事情，并且每天醒来都能感觉到只有那件事情才能带给你完全的满足感和成就感。

这就是为什么我们的目标不仅仅是幸福，而且是找到你命中注定的工作。

找到想做的事情需要时间和阅历

假设你的梦想是离家出走然后加入马戏团。也许你已经被小丑迷住了，疑惑于“他们怎么能钻进那么小的车子里”；也许你在本该做作业的时候一直在后院练习走钢丝。好极了，那么接下来你需要做什么呢？

你的探索之路也许要从一些调查开始。你可以去一家流动马戏团，要求和负责招聘的人谈一谈；你也可以上网搜索马戏团的工作。不管怎样，你会发现更多关于任职资格（必须善待动物）、工作环境（一刻不得闲）、薪资（足以维持生活但不多）、福利（免费坚果），以及招聘流程方面的信息。

很快，你参加了驯象师岗位的面试，并最终得到了这份工作。恭喜！你欢欣鼓舞地去驯象部报到，开始了你的第一项任务。然而，工作了几个礼拜之后，你发现加入马戏团没你想的那么好。驯象本身很有趣，可是跟在大象后头打扫卫生就没那么有趣了。你知道了自己喜欢什么以及不喜欢什么。

所以你换到售票处工作，起初你很喜欢新的岗位，再也不用跟着大象打扫卫生了。但很快你发现售票处的工作不仅无聊，而且要求你一周有几个晚上以及每个周末都要到岗。于是你决定离开马戏团，遵循你父母最开始的建议：在广告销售公司做一份舒适的办公室工作。

但是，在大公司上班也不适合你，这一点都不令人意外。做了这份工作后，你总是从周一熬到周五晚上，直到有一天，你遇到一位经营精品服装的客户。你灵机一动，最终意识到，设计马戏团主题的 T 恤就是你“命中注定的工作”。

这是一个高度简化的例子，但说明了初涉职场时，也许你不会知道自己想要什么，至少不是马上就能知道，这很正常。找到想做的事情需要时间和阅历，途中可能会经历一些挫折。寻找命中注定的工作之路很少是坦途，它是一个在曲折中带领我们抵达最终归属地的过程。

没有入场券，你成功的概率是零

让我们回到那群彩票中奖者身上。他们怎会如此幸运？纯粹是运气使然，还是因为他们一路都做出了明智的选择，从而导致幸运降临呢？

我们首先需要注意的是，即便是像中彩票一样不现实的退休计划，你仍然需要参与其中才可能赢。没有入场券，你成功的概率是零。其次，中奖者不光得买一张彩票，他们还得采取后续行动。如果他们买到了中奖彩票却从未核对过号码，买彩票就毫无意义。最后，他们还得去表明自己的中奖者身份，签署所有的财产申报表，同意缴纳所有税项，然后举起那张巨额支票任由他人拍照。这些行为看起来简单,但每年都有数百万的奖金(真金白银啊！)无人认领。即使全凭运气，彩票中奖者也需万全之策才能确保拿到奖金。

虽然现实中彩票的中奖概率极低，但职场彩票并非如此。这一点很重要！如果现实中的彩票是合理设置的，就没有办法被破解。我们大多数人都不会中奖，而你是否中奖取决于概率论和其他完全在你掌控之外的因素。

然而，对于职场彩票，你能对其结果施加巨大的影响。你现在采取的行动会直接影响你未来可以获得的机会，这也就是为什么我们要采取正确行动的原因。如果能够运筹帷幄，你就能极大地提高成功概率。

总之，我们不仅希望成为幸运儿或者至少尽可能地增加运气，而且希望能一直做出正确的选择。

彩票中奖之路

决策：正确抉择

运气：尽可能增加运气

要么升级，要么彻底颠覆

不管是否有意，很多人倾向于按照现成的“剧本”来选择生活中的路径。“剧本”指的是一切约定俗成的行为方式。无论在公司还是更大的群体，一些“剧本”和规则对维护社会团结很重要。比如，不论有什么政治信仰，大部分人都需要缴税，因为公共设施需要花钱，而且我们不想坐牢。一般来说，这是一个可以遵循的好“剧本”。

然而，很多其他“剧本”和规则的存在完全是出于传统，而不在于它们是否还有意义或者是否只是为了保护现有的权力结构。更糟糕的是，有些规则的存在简直莫名其妙。而在职场上，社会“剧本”尤其提供不了帮助。你可能会对那些教你如何找到理想工作的思维或行动感到气馁，比如：

- **“剧本”1**：应聘入门级岗位，然后晋升到初级管理岗，最后晋升到高级管理岗，而且这种晋升有时不考虑技能；同时，以跻身于企业决策层为目标。
- **“剧本”2**：每个人都应该挤破脑袋占据“一席之地”，而一旦你找到自己的位置，就别再妄图侵占属于他人的机会和资源。
- **“剧本”3**：如果有一个工作机会（任何机会）来到你面前，抓住它。机会可能只有一次，所以别搞砸了。
- **“剧本”4**：每个人都应该一周工作 35 ~ 40 个小时，大部分时间都应在办公室，并且通常是在同样的日期和时间。尽管研究表明，对大部分人来说，这个安排很大程度上是低效的。

还有其他的“剧本”会限制你可选路径的范围和可取得的成就，它们和上面那些“剧本”会让你误入歧途。而其他情况下，它们是完全错误的。

通过这本书，我将告诉你如何通过抛开“剧本”以及不按常理出牌得到更好的结果。当你抛开“剧本”的时候，你要么升级、合成，要么彻底颠覆传统职业建议。来看看这些替换之后的观点。

修订“剧本”1：不要像个 CEO 一样思考

博客和杂志上充斥着诸如“如何像沃伦·巴菲特一样做投资”或“如何像史蒂夫·乔布斯一样做管理”的建议专栏。若你坐拥亿万身家，沃伦·巴菲特对于你是一位很好的导师。而对于其他人，巴菲特会直接说可以通过投资指数基金让钱生钱，从而获得更高的收益。同理，大多数情况下，史蒂夫·乔布斯是一位才华横溢的设计师，但也是一位重视产品甚过员工的苛刻管理者，有时会让员工战战兢兢。这真的是你想追随的楷模吗？

我们大多数人都不是巴菲特或乔布斯，我们不能照搬他们的经验方法并期望得到同样的结果。我们需要审视自己，找到适合自己的方法。有个更好的办法是，向坐在小办公室里的那个家伙看齐，热爱工作，与大家和睦相处，且在工作之余还有自己的生活。

修订“剧本”2：跳出思维定式，成为复合型人才

平时，你可能会得到一些让你找到一席之地的可怕建议。但在绝大多数工作中，专业化被过度高估了。有些人确实找到了一席之地，然后一门心思扎进去，将其他一切排除在外；而有些人更擅长在一个对技能、学识和特长要求更加综合的环境下工作。如果你曾需要从两个不尽如人意的结果中做选择，而你选了第三条路，说明你已经知道还有另一条路。

重申一下，我们的目标是找到最适合你的路，而不是千篇一律、人云亦云的套路。

修订“剧本”3：如果你错过一次机会，还有其他机会

大部分人对做出错误的职业选择有一种根深蒂固的恐惧。我们倾向于坚

持我们所熟悉的，尤其当它们“足够好”的时候。然而，大部分职业选择是可以改变甚至被颠覆的。改变职业选择不仅很正常，而且也是更好的做法。理查德·布兰森（Richard Branson）所言极是：“商业机会就像公交车，总会有下一辆到来。”

不只是商业机会像公交车一样多，各种机会都是接踵而至的。如果你错过一班车，还可以赶上下一班。

修订“剧本”4：工作方式不止一种

想想你认识的那些工作得很开心的人。也许他们在一家提供无限假期并可以自己掌控时间的公司工作；也许他们能够在家工作；也许他们倾向于团队合作，且拥有一个优秀的团队。如果你有两份工作可以选择，它们薪水相同，但其中一份能够提供更好的工作环境和更弹性的工作时间，那为什么不选这一份呢？

你要的不是小改变，而是快速升级

在你往下读之前，我还要向你保证一件事：这本书的目的不是让你获得微小改进。如果你的工作很糟糕，就算获得每月有一个周五可以早退的权利，对你来说也没什么差别。如果你有 80 000 美元债务，涨薪 4% 依旧不够你清偿债务。你要的不是小的改变，而是快速升级。

这本书旨在帮你快速升级。我在过去 10 年周游世界，研究各种职业。当与人们谈论起他们的理想职业时，我注意到他们倾向于使用相似的措辞。如下这些评论都很普遍。

“我觉得就像中了职场彩票。”

“我不敢相信能从中获得报酬。不要告诉任何人，不过我太喜欢干这件事了，哪怕无偿我也愿意。”

“工作一点都不像工作，常常就像娱乐。即便有时很难，通常也都很有意义。”

听起来很棒，不是吗？当你找到梦想中的工作，或是为醒着时的三分之一时间营造出完美的环境时，就是这种感觉。

是时候抽出你的中奖彩票了，它将带你去向何方呢？

快乐 - 金钱 - 心流模型

目标

找到你的理想工作以及理想的工作环境

理想职业对每个人来说都不一样。有些人希望不用工作就能拿钱，有些人希望拥有一家公司，有些人希望和客户一对一工作，有些人希望可以在任何地方工作。归根结底，自由对我们每个人意味着什么，理想职业就是什么样子。

卡罗琳
34 岁，理疗师

你无须在做喜欢的事情和谋生之间左右为难。在本章，你将学会运用“快乐－金钱－心流模型”去弄清楚你偏好的工作方式，让自己的目标更清晰。

成年以后，你经常会被问到“你做什么工作”。不过在你还是个孩子的时候，你应该就至少听过一次这个问题的变种：“你长大以后想做什么呢？”

我们都不止一次地从老师、父母和其他权威人士那里听到这个问题，他们都鼓励我们勇敢去想，然后给出特别的回答。确实，孩子们回答这个问题时经常会给出像总统、航天员或职业运动员之类雄心勃勃的答案。当然，作为成年人，我们知道这些职业对大部分人来说都是不切实际的。但对于一个憧憬未来的孩子，想象力是不受限制的。

你还记得你是如何回答这个问题的吗？

也许你想从事父母的职业。如果你母亲是个医生，这听起来就不错。因为你乐于助人，而医院似乎是个很有趣的工作地点。也许你父亲是个建筑师，某天你去了他的办公室，看到一些很酷的建筑图纸，而它引起了你的兴趣，于是你认定建筑师也是一个很棒的职业。

也许你的理想没有这么崇高，而父母也不是你的工作榜样。你想做开着有趣小车的邮递员、超市里亲切的收银员或者在冰球比赛中负责酷炫磨冰机的那个人吗？如果你的确想过，这也很正常，因为我们看到什么就会模仿什么。

就我而言，我有过两个职业理想，都源自我的父亲。他在退休写小说之前，是一名航天工程师，在20世纪80年代初从事航天飞机发射的支持工作，后来为波音公司编写代码。早期一段记忆涌现到我的脑海。他在为航天飞机做某种测试期间，曾带我去他的办公室并交给我一项任务。我记不住所有细节了，并且我很确定当时我什么都不懂，但印象中这项任务很重要。我的任务大致是盯着一个特定的测量仪器，然后告诉父亲指针是否超过了一定数值。

注：图中RPM英文全称为revolutions per minute，意思是每分钟转数。

按照常理来说，航天员的安全或美国国家航空与航天局（NASA）的未来不太可能会取决于我对测量仪器的密切关注。然而，6岁的我就是这么认为的：整个航天事业都要指望我！测试宣告成功后，我对自己的贡献感到自豪，然后我准备吃午饭。

我不记得完成国家航空与航天局的任务之后父亲带我去哪里吃的饭，但我有个很好的猜测，我们通常都会去汉堡王。我喜欢那个地方。要是能每天都在汉堡王吃饭，我会是个多么幸福的 6 岁小孩啊。事实上，有时我得做出艰难的决定：炸薯条还是洋葱圈，香草奶昔还是苹果派？不过除了这些难题，我对双层芝士汉堡和番茄酱非常满意。

这也就是为什么在我 6 岁的时候，大人问我“长大以后想做什么”时，我的回答有两种可能。有时我想和宇航员一起工作，有时我想在汉堡王工作，这两种职业看上去同样令人兴奋和满足。当然，我还没有真正明白它们各自意味着什么。

未来并不明朗，很多事情有待探索

在你还是个孩子的时候，被问到长大以后想做什么很正常。但迟早有一天，你到了某个年纪，人们就不再问你了，或者如果他们真的要问，问题的基调也会变得很不妙。突然之间，“你的梦想是什么，你可以做一切想做的事情”变成了“你这辈子打算做什么，你最好尽快想明白”。

对很多成年人来说，如果一个孩子最大的愿望是在快餐店工作，他们就会觉得这个孩子很有趣。但如果一个成年人胸无大志，想去炸土豆的话，通常就不会得到别人的敬重了。

同理，一个 6 岁的孩子说想当宇航员，会被认为很可爱。而一个成年人如果声称有同样理想的话，就会被认为是自欺欺人，除非他是少数几个麻省理工学院的毕业生之一。一旦过了可以做梦的青春期，现实和实用性就不期而至，你必须做出真正的决定。你必须为教育、专业、实习、第一份工作等各种事情做决定。突然之间，选择数不胜数：你可以参军，用延长服役期限来换取学费；你可能想成为医生、律师或工程师；你可能想从事艺术、金融或媒体方面的工作；你也可能想做一些完全不同的事情。

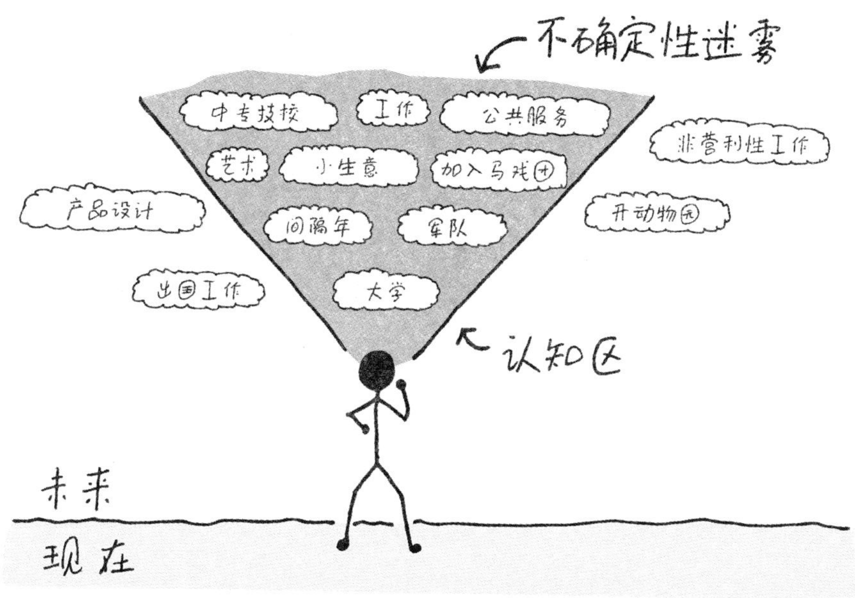

无论选择什么，你都可能会一头扎进去，哪怕你信息有限，没有充分理解如何到达那里以及当你最终到达时会有怎样的风景。更麻烦的是，接下来几年可能会发生各种事情使你改变初衷。在你对本以为会喜欢的事情，比如一门大学课程、一次实习或第一份工作，有了初步了解之后，你可能会发现它不适合你。

当我放弃去美国国家航空与航天局以及汉堡王工作的梦想之后，我认为自己应该会擅长会计，所以大一的时候选了会计专业。可教授们却不这么认为，他们给我的考试评分都很低，以此让我赶紧打消学会计的念头。当然，我本应该坚持下去，格外用功，然后证明他们都是错的，但我志不在此。很明显，会计不是最适合我的，所以我转去做别的事情了。

我的转变完成得很快，而有些人更晚一些才会面对现实。也许你拿了某个专业的学位，结果发现你感兴趣的领域早就过时了；也许你开始找工作了，结果发现相关领域的就业市场拥挤不堪；也许你建立了家庭，而这影响了你的职业选择。

最常见的一种情况是，不管你选择做什么，在过程中可能会无意中接触到完全不同的事物。也许你会发现一项自己从未察觉的技能、一种从未想过会有机会追随的热情或一个从未奢望的工作机会；可能会有一位前同事打电话给你，向你提供他新公司的一个工作岗位；可能你会和一个大学同学合作的兼职业务发展成了真正的生意。你从未规划过，但突然间做起了之前从未考虑过的事情。

职业生涯很少会像我们设想的那样井然有序。我们刚成年的时候，大多数人无法知道在接下来的 40 ~ 60 年职业生涯中自己真正想做什么。我们有想法和梦想，但未来并不明朗，很多事情有待探索。在寻找我们命中注定的工作这一过程中，很多事情都会改变。

命中注定的工作之基本准则：快乐 - 金钱 - 心流

传统的职业建议还有另一个宗旨，那就是人各有志，志各不同。的确，每个个体都有独特的技能和爱好，成长背景也不尽相同，但我们真的想要不同的东西吗？这个问题可能没这么复杂：大多数情况下，我们都想找一份能满足同样几个特定需求的工作。

尽管我们都是不同的个体，但大部分人都想找一份能带来快乐和金钱的工作，过上平衡的生活。我们都想去做自己热爱的事情，想要学以致用，并且希望不要在爱好或金钱方面做出错误的选择。我们都想做自己热爱的事情并能获得丰厚的回报。

简而言之，以下就是我们正在寻找的：

- 让我们开心的事（快乐）；
- 经济上可行的事（金钱）；
- 能最大限度提升我们独特技能的事（心流）。

请记住本书的目标：帮你赢得职场彩票并且找到你命中注定的工作。通往理想世界的路不止一条，但如果不能满足以上 3 点，你的选择就不尽完美。你完全有可能做了自己喜欢的事却薪水微薄，也有可能收入颇丰但做的是自己反感或需要忍耐的事。很多人达成了妥协，用忍受糟糕的现状来换取丰厚的报酬。或者，还有可能你做的事情是自己喜欢的或报酬很丰厚，甚至两者兼得，但仍然无法获得心流状态。心流让你因为完全投入自己真正擅长的事情，所以觉得时间飞逝。

然而，以上任何一种情形都不会是你最想要的。要找到命中注定的工作，你就需要找到快乐、金钱和心流的正确组合。接下来的故事讲的是，我是如何找到自己命中注定的工作的。

谋生：从汉堡王到篮球

从 6 岁开始，你就会接收到很多职业建议了。我就是如此，对我的职业建议可以追溯到我忙于为美国国家航空与航天局进行关键测试和尽力说服父亲带我去汉堡王时。大人们常常许诺“你可以做一切想做的事情”，却并不解释如何确保让一切成为可能。尽管这个建议听起来很动人，却很荒谬。**这**

个世界绝对有你不想做的事，也不缺你不应该做的事。但是没关系，实际上，这一点挺好的。

12岁的时候，我不再想去汉堡王工作了。那时我有了新目标：打职业篮球。我在后院练习了几百次罚球，就如我想象的自己在美国职业篮球联赛（NBA）冠军总决赛投入最后一篮那样。来吧，各位，我准备好被浇佳得乐①了！

请忽略我从未参加过球队，甚至没有打过一场真正的比赛的事实。很显然，这是一个不会有任何结果的幻想。以后可能会有这样一个故事流传开来：某人凭借坚定的意志和刻苦的努力成为一名职业篮球运动员。但现实是，无论我怎样努力练习，都进不了美国职业篮球联赛。我并不想摧毁你们儿时的梦想，但不管是成为美国总统还是做一名试飞员，有些事情就是不会实现，原因也许是欠缺技术、天分不够、缺乏机会或以上原因皆有。**现实情况就是如此：无论你多拼命，有些职业理想永远都不会实现。所以，不管它们对你意味着什么，都不应该成为你的目标。**

当我为美国国家航空与航天局做测试任务以及带领球队打到美国职业篮球联赛总决赛的幻想破灭之后，我不得不开始做出一些真正的选择。我进入大学，然后开始选课。起初我尝试学习会计，但当我发现很难通过考试后就放弃了。我上其他课程的时候，发现自己喜欢社会学。我热衷于研究人们如何根据他人来定义自己，以及不同群体之间如何互动并随时间发展。最后，比起会计，我在这门课上显示出了更高的天赋。

我拿到了社会学的学位并开始攻读一个短期的研究生项目，但那时我的兴趣又变了。我喜欢当时正在研究的领域，但如果不继续深造，在这个领域

① 美国竞技体育中用来庆祝重要比赛胜利的传统，叫作“佳得乐洗浴”（Gatorade shower）。——译者注

内的就业机会就很有限。我的夜班工作是在联邦快递往卡车上装货，这份工作没有多少乐趣也没有发展前景，所以不可能成为我的理想职业。

与此同时，我当时已经开始做兼职了。我会在网上买卖东西，基本上是在凌晨 2 点从联邦快递下班以后到上午 10 点上课之前完成的。虽然我从未学好会计，但事实证明我真的很擅长挣钱和做小生意。

你可能已经注意到，直到现在，我还没提到 m 开头的单词——“money”（金钱）。现在是时候提它了，因为在寻找我们命中注定的工作时，金钱一直是一个极其重要的因素。我与大多数人一样，每个月都有账单要付。我还想有可支配收入，从而可以做自己喜欢的事。对此有个别致的术语叫作经济必要性（economic imperative），说白了就是：我需要钱。

我那段时间的状况可以这样阐述：

- **学历**：大学本科，再加半个研究生学位；
- **就业机会**：不多，因为我必须继续深造；
- **当前工作**：糟糕的兼职，绝对不想再每晚往卡车上装货了；
- **经济必要性**：没有信托基金，但还得付账单。

我很庆幸自己有机会上大学，但对我而言，上大学和就业之间没有直接联系。尽管我很喜欢自己研究的领域，但我知道必须找点别的事谋生。我也相当确定，在理想情况下，谋生的方式不会是大半夜往卡车上装货。

我和很多人一样，是在无意中做了与我最初设想的完全不一样的事情。我一直喜欢写作和表述想法，从十几岁起，我就开始读关于创业和小生意的杂志了。我还喜欢音乐和旅行，但我那时还没能看出这些东西怎么和谋生手段联系到一起。总之，我拥有的技能并不都与我的学历乃至罚球线前的潜力相关。

我做的第一笔生意是买卖咖啡，在这个过程中，我学会了算利润率、烤咖啡豆。几年后，我渴望新的挑战，所以去非洲当了援助志愿者。期间，我开始带领团队并召开小组会议，我迅速掌握了这项技能，因为我很自然就学会了。又过了几年，我回到美国，开始了博主和旅行家的新生活，我想将访遍世界上每一个国家作为自己 10 年探索中的一项内容。（剧透一下：我做到了！）

现在我拥有好几个身份，它们都是围绕着作家兼企业家这个伞型职业展开的。我写书，组织团队和项目，还做小生意。对我而言，这种组合带给我快乐，还能让我赚到足够的钱。除了在承担一些无聊但必要的责任的时候，我总是觉得自己“很在状态”。在此，我要声明一点，我并非每件事都能成功，也有很多失败。但是，我觉得自己已经是职场赢家，拥有世界上最棒的工作。

回首往事，我能看到自己一路走来的轨迹，但我不可能提前预料或者规划。正如你在上一章看到的，寻找命中注定的工作之路很少是坦途。但是当你到达那里，一切都值得。

构成理想职业的 3 要素

现在你知道快乐、金钱和心流是构成理想职业的 3 个重要因素了，接下来我们将深入分析每一个因素。它们本身也许看起来一目了然，但对于我们准确理解事物很重要。

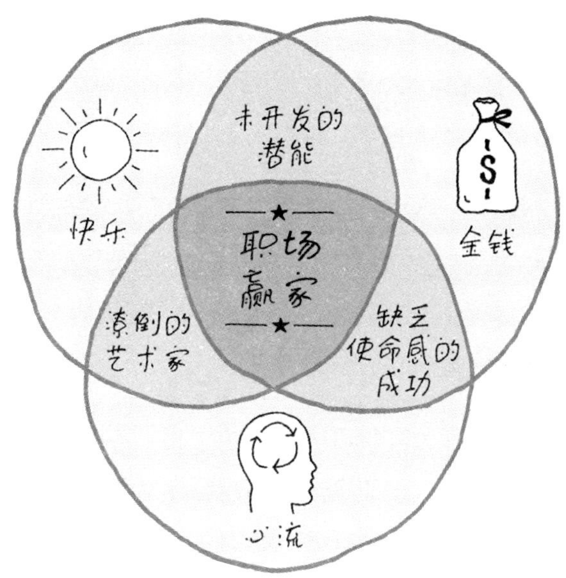

快乐：你喜欢做的事情

“做你所爱”也许是老生常谈，但对于余生中每周至少要花费40个小时去做的一系列事情，我们渴望的也不过如此。如果你压根不喜欢自己花大部分时间去做的事，就很难得到真正的快乐。

这并不意味着工作的每时每刻都得激动人心，就算是职场大赢家，可能也要复印文件、整理支出报告。没有人能永远都做自己喜欢的事，这也不是我们的目的所在。一般来说，我们希望工作能“点燃快乐”。如果你不确定当下的工作是否能点燃快乐，那它多半就不能。

金钱：支持和养活你的东西

寻找理想工作或职业时，金钱不可能是次要因素。你总是要生活的，如果有了家庭，你就得养家糊口。在职场上，我们寻求的最理想的情况是，你做的工作能让你衣食无忧。如果能让你富有，那就更好了，毕竟富有没有什么错。即使它不能让你荷包满满，也不应该让你穷困潦倒。

换句话说，钱不是万能的，但如果你终日为账单发愁，就很难热爱你的生活。

心流：你真正擅长的事情

你是否曾沉浸在自己喜欢的项目中以至于忘了时间？你是否做过这样一份有偿工作：因为很喜欢，所以就算没有报酬你也会欣然去做？**我们把这种情况称作心流，即最大程度地提升技能并且沉迷于真正擅长之事的艺术**。这种情况就像快乐和金钱，对命中注定的工作来说是必不可少的。

有很多事情我们都能做得不错，甚至相当不错。但心流工作不同，你达到的不只是不错或相当不错，而是极其出色，这对你来说是自然而然、轻而易举的事。当你做这种工作时，其他人会对你不费吹灰之力就能取得硕果印象深刻甚至惊奇不已。他们想知道：“他是怎么做到的？”

与快乐这个条件一样，你不必时时处于心流状态，心流工作很可能是在更常规的工作中穿插进行的。不过正如你希望工作能在多数时候点燃快乐一样，你也会希望尽可能使自己处于心流状态。

对你而言，快乐、金钱和心流的完美组合是怎样的呢？你是否毫无头绪？别担心，我们将深入探讨很多实用、具体的技巧，从而帮你弄清楚它是什么样子。更棒的是，你一旦找到自己的完美组合，就会意识到，它似乎一直在那里等着你。这正是找到命中注定的工作的美妙之处。

梦想照进现实

安杰拉·梅（Angela May）在加拿大不列颠哥伦比亚省（British Columbia）长大，小时候，她想成为一名发明家。确切地说，她想成为布朗博士（Emmett "Doc" Brown），这是《回到未来》系列电影中发明了时光机的虚拟角色。从记事起，她就喜欢修理损坏的家电或者尝试让它们更有效率。这可能与她生于工程师家庭有关，不过她对艺术同样感兴趣。高中时，她同时学习科学和艺术的大学先修课程；到了大学，她开始画漫画并发布到网上。紧张的工程学课程占据了她一周的大部分时间，漫画成了课余很好的调剂。

大学刚毕业，安杰拉就遇到了一个两难的选择。加拿大大部分工程专业的毕业生都会进入油气行业工作，但安杰拉觉得这个领域很无趣。她告诉我："可持续发展是我们这一代人的太空竞赛[①]，我想参与其中共谋能源解决方案，而不只是支撑现有的行业。"

虽然理想很丰满，但作为一个初出茅庐的应届毕业生，安杰拉想在支柱产业外找一份工作并不容易。安杰拉找了6个多月都没有找到工作，靠微薄的积蓄度日，这期间，她目睹着朋友们开始为了高薪工作。最后，她获得了卑诗水电公司（BC Hydro）的面试机会，这是一家兼具政府和私企性质的电力公司。应聘过程花了3个多月，但她最终开始了第一份正经工作。

公司位于温哥华市中心的一间高楼里，当安杰拉搭火车上班的时候，她觉得自己像个成年人了。"我有了名片和分机号，"她说，"人生第一次开始了朝九晚五的工作。"

在卑诗水电公司工作对于安杰拉专业资质的提升起了重要作用：4年后，

① 20世纪五六十年代美国和苏联之间在太空探索上的竞争。——编者注

她拿到了专业工程师执照，就业前景更加广阔。她得到执照的时机也刚刚好。尽管这份工作在某些方面对她很有帮助，但它也有短板。首先，它的晋升机制非常政治化。安杰拉看着公司领导换了一拨又一拨，要么是因为高层的反复无常，要么是因为不断变换的政治环境。其次，公司不鼓励真正的变革。她说："他们想让我们大刀阔斧搞改革，但执行的时候却按老样子来。"在安杰拉的印象中，公司想要推行的唯一的可持续变革跟省钱直接相关。省钱是一个重要目标，但其范围也多少受到限制。

于是，安杰拉准备换工作，但是换到哪里，该怎么做呢？她说："一旦你有了第一份工作，就没有人会告诉你接下来做什么，也没有路线图可以参考。"

职场轨迹

安杰拉在做第一份工作的同时，还在继续画线上漫画。她的作品越来越有名，有一段时间每天有 10 000 多人访问她的网站。她还自费出版了两套漫画，放在网上和北美地区的集会上销售。安杰拉看到其他漫画家纷纷成为全职漫画家，但她不确定那是不是她想要的。画漫画很有趣，与粉丝互动、出作品集也是如此，但如果全职画漫画，可能就需要她花大把时间在商业活动上。不过，画漫画是她的一项重要副业。她因为喜欢才去做，漫画不仅带给她稳定的收入，而且让她感受到获得粉丝反馈的满足感。在第 7 章，你将会了解到副业。

安杰拉第二次的求职没有预先设定好的路线图，但她有了一个明确的策略：让自己在争取真正想做的工作时更有吸引力。作为一名 28 岁的专业工程师，她开始着手重塑自己。她上夜校学习新技能，创建作品集；她通过学习更有助于工业设计的风格来提高艺术技法；她和工作多年、人脉广阔的同学交流，并在网上寻找有趣的机会。

不久之后，她在一家初创公司找到了工作，这份工作有利有弊。公司里除她之外只有两个人，都是年纪较大的男性。这份工作很有意思，但它需要在有毒的危险工地进行实地工作。从一开始，这份工作就像是前进道路上的跳板，而非最终的归宿。8 个月以后，他们解约了，她的老板，也就是那两个男人解雇了她。

起初安杰拉很沮丧，但她很快意识到这是个重新开始的机会。尽管这段工作经历很短暂，但它给安杰拉提供了更多的经验。安杰拉踏上了酝酿已久的秘鲁之旅，然后回到温哥华继续找工作。

这一次，她找到了一个理想职位，工作职责正是她想要的。新工作属于她选定的产品设计领域，工作内容是运用工程技术帮创业者设计新产品，并为大公司改进现有流程。这家公司是由两名不愿进入油气行业工作的工程师创立的，并且每个员工都在可持续发展事业上志趣相投。这是一家小公司，在我们上一次谈话的时候，它只有 15 名员工，但它没有那家除她只有两个人的初创公司那么小。

这家小公司却拥有大客户，包括产品用户达数百万人的大品牌。安杰拉他们做出的改变对环境产生了积极、可持续的影响。有些情况下，他们真的挽救了很多人的生命，比如他们在非洲开展的医疗器械项目。另外，安杰拉的薪水不错，她还有广阔的发展空间。

与此同时，安杰拉每周还在继续更新她的漫画网站。她出版了第 3 个漫画系列，并开始筹划第 4 个。她说，她的专职工作和漫画事业现在还在不同的范围内，但她正在靠近这两个圈的交集。

做正确的事，正确地做事

你做的所有重大的职业决策都应该让你更接近快乐、金钱和心流的完美组合。并且，你的工作内容和工作环境并不是一回事儿。

命中注定的工作需要同时拥有正确的工作内容和最佳的工作环境。若两者只能满足其一，你将会漏掉一些重要的东西。如果工作很棒但日程紧张，就会导致压力过大、生活失衡；如果日程合理但工作乏味，从长期来看也无济于事。如果你不得不每天花 8 小时去做自己不屑一顾的事，那么早上能睡懒觉或者同事很风趣就根本不重要了。

工作内容非常直观，所以接下来我们更具体地研究工作环境。在规划理想的工作环境时，有一些主要的因素需要考虑：日程弹性、社交环境、报告及问责制度、协作机制以及可交付成果。

1. **日程弹性。**我们都想要一定的时间可以自由支配，也想在一定程度上能自主选择喜欢的工作方式。有些人渴望完全独立，讨厌任何试图控制他们工作进度或对他们的工作方式发号施令的行为。我就是这样的人。有些人则想要一定的自由和固定的日程安排。

   在上一个故事中，安杰拉找到了她的理想工作。在那里，她的工作时间相当规律，但不会严格到丝毫无法自行调整。

2. **报告及问责制度。**几乎所有人的工作都会以某种方式被考核。如果要向上司汇报工作，你的一部分工作就是让他满意。如果没有上司，你的汇报对象就很可能是你的顾客、客户或某个你最终要对其负责的人。

   大部分人想要在对自己的工作负责的同时，仍可以有创新的自主力。也就是说，有些人会比其他人更看重自主力。对有些人来说，任何管理监督都像是枷锁。而对另一些人而言，偶尔有人监督并不碍事，反而能让他们对工作更负责。

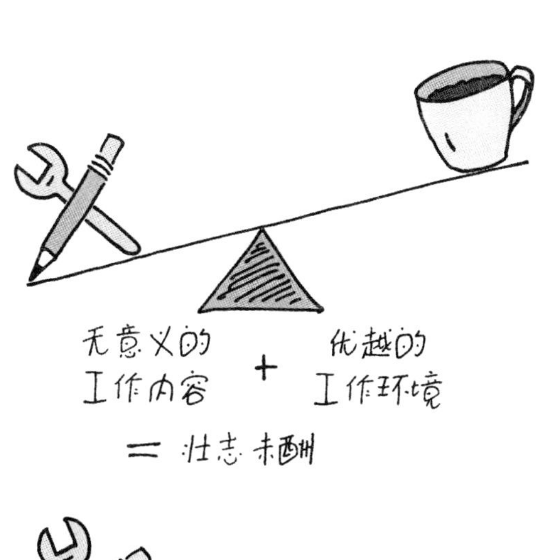
无意义的
工作内容
+
优越的
工作环境
= 壮志未酬

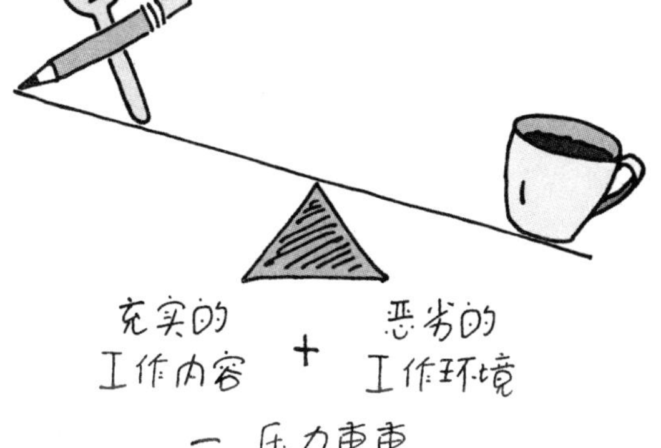
充实的
工作内容
+
恶劣的
工作环境
= 压力重重

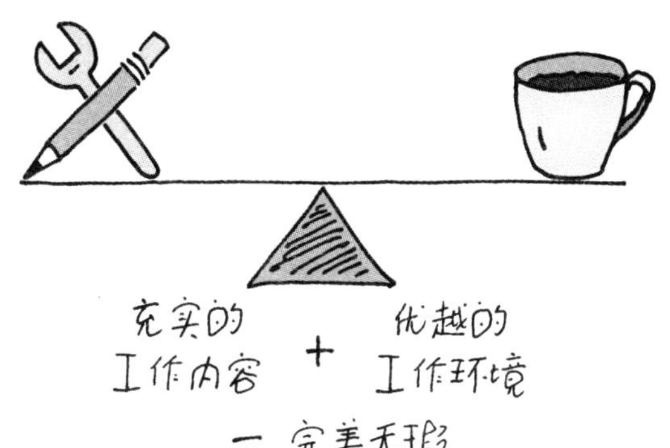
充实的
工作内容
+
优越的
工作环境
= 完美无瑕

安杰拉服务的第一家公司的决策很政治化，并且它不允许员工挑战权威，这让她不能实现自己的抱负。但从另一方面来说，她也觉得，和第二份工作中对她放任自流的工作环境相比，她需要更多的约束。最终，她去了这样一家公司：管理不过于严苛也不完全松散，她找到了自由和约束的平衡。

3. 社交环境。不仅你的工作内容很重要，而且在哪儿做、怎么做以及和谁共事也很重要。你的工作地点可能是办公室、工地、格子间或共享空间，你也许还会在家、在路上或别的地方办公。想想一旦到了工作地点，塞满你一整天的各种社交活动。是否一整天都会有人突然闯进你的格子间或办公室？你是否一直在开小组会议或电话会议？对于频繁的干扰，有人欢喜有人愁。关键在于，你理解和尊重你的同事吗？

世上没有适合所有人的最佳工作环境，但这些因素与快乐息息相关，清楚你自己的偏好非常重要。安杰拉不太适合以结果为导向的企业文化，也受不了那两个最终解雇她的家伙，但第三家公司正是适合她的社交环境，那里的同事与她志同道合。

4. 贡献感。我们想要参与的是有意义的事或有使命感的事，至少也应是重要的事。小时候，父亲带我去他办公室帮忙时，我认为自己在帮助宇航员进入太空，这种感觉很棒。即使做出的贡献没有登月那么神秘，但当我们能够指出某些帮忙促成的事情时，也会感到自豪。

回顾安杰拉的故事，她的第一个雇主并不认同她的使命，即运用工程技能促进可持续发展并建立一个更美好的世界。最终她找到了她的理想工作，公司里的每个人都在努力为可持续发展事业与环境做出积极、持久的贡献。

5. 协作机制。你是独立工作、与他人合作，还是有时独立工作有时团队协作？这个问题和社交环境是两码事，因为你可以待在办公室中但仍是独立工作。你更喜欢独立工作，还是更喜欢较少的自主力？

对安杰拉而言，最理想的办公室环境是：周围有其他同事，但她或多或少可以独立开展实际工作。

6. **可交付成果或工作衡量标准。**这里指的是你的产出，或你如何衡量自己的工作。如果你在松饼生产线上工作，下班时就可以数一下自己做的松饼数量。如果你是智库的咨询师，就可以用论文发表数量或建议被采纳的次数来衡量自己的进步。

安杰拉通过评估自己起到的作用大小来衡量工作，对她而言，这是最重要的度量标准。

7. **安全感。**关于金钱，重要的不仅是周薪或年收入，而且包括你的工作和薪水的稳定性、其他收入来源的持久性。你可能会遇上淘金热，短时间内有很多钱进腰包，不过这种机会转瞬即逝。赶上淘金热的确很好，但本质上，它并非长久之计。

以安杰拉为例，她兼职画漫画挣的钱可以让她在失业的时候养活自己，还能提供安全保障以防陷入财务困境。

8. **无形效益。**无形效益指的不是你的医疗保险或带薪假期，而是你因做这份特别的工作而获得的任何东西。你能带走多余的办公用品或复印私人文件吗？星期一能喝到免费的龙舌兰酒吗？

安杰拉给我讲述她的故事时没有提到这些东西，所以它们对她可能无关紧要。选择命中注定的工作时，它们也不应该是重要的考虑因素。毕竟，一份消磨意志的工作哪怕能提供免费的龙舌兰酒，那也不过是一种安慰。但总的来说，权衡一份工作的利弊时，无形效益是一个需要考虑的因素。

工作环境在快乐、金钱和心流的完美组合中起到很大的作用。你不仅要找到最合适的工作，而且要找到或创造出最适合你的个性和喜好的工作环境。在本书接下来的部分，我们将介绍很多策略和技巧，它们优化的不仅是快乐、金钱和心流，还有那些构成你理想工作的所有相关元素。

你最看重的是什么

快乐、金钱、心流这 3 个变量之间的理想关系对所有人来说都不一样，并且对个人来说也不是一成不变的。在生命的不同阶段，你也许会侧重不同的部分。如果你的家庭刚组建不久，那么花时间陪家人就可能是你的当务之急。其他时候，你在职业生涯中可能更看重高收入、更有挑战性的职位，或同时看重这两者。

你也许已经知道自己目前最看重的是什么，但如果不知道，就可以通过完成下面这个简单快捷的练习来弄清楚。

练习

请给下面的陈述打分，分值从 1 ~ 5 分不等，1 分表示“不重要或无关紧要”，5 分表示“非常重要”。为达到最佳效果，请确保你的答案有所区分，并且有至少一个 1 分和一个 5 分。

1. 享受工作对我来说很重要。
2. 我想确保我能胜任自己的工作。
3. 我现在经济困难，或者需要攒一大笔钱。
4. 目前，我的生活方式比金钱更重要。
5. 有人需要我，而抚养他们很重要。
6. 我想做挑战自我的工作，尤其是新而不同的事情。

7. 我愿意为了丰厚的经济回报努力做自己不喜欢的事。

8. 我做自己喜欢的事情时最快乐，即便收入不高。

9. 我倾向于做自己特别擅长的事。这些事会令他人受挫，但我觉得不难。

结果分析

请分别将第 1、4、8 题，第 3、5、7 题和第 2、6、9 题的分值加总，从这 3 组中选出累计得分最高的那一组。

- 如果你第 1、4、8 题的累计得分最高，目前快乐对你来说就是最重要的。你想要享受工作，做自己喜欢的事，这比任何事情都重要。
- 如果你第 3、5、7 题的累计得分最高，此时金钱就非常重要。你需要赚点钱，最好马上就能赚到。
- 如果你第 2、6、9 题的累计得分最高，现在心流就尤为重要。你想要确保你做的是自己擅长的工作。

这 3 个因素在你的生命中都很重要，但它们的相对重要性在人生的不同时期会有所变化。因此，你可能需要定期重复这种简单分析，也许一年要做好几次。

Born for This

不同的工作形式

想要找到快乐、金钱和心流的完美平衡，你要找的就不仅是最理想的工作环境，而且是最理想的工作形式。过去，人们只需选择是去大公司上班还是自己创业，而如今的选项数量猛增。今天，不同的工作形式包括：

- 传统的就业形式；
- 创业或做小生意；

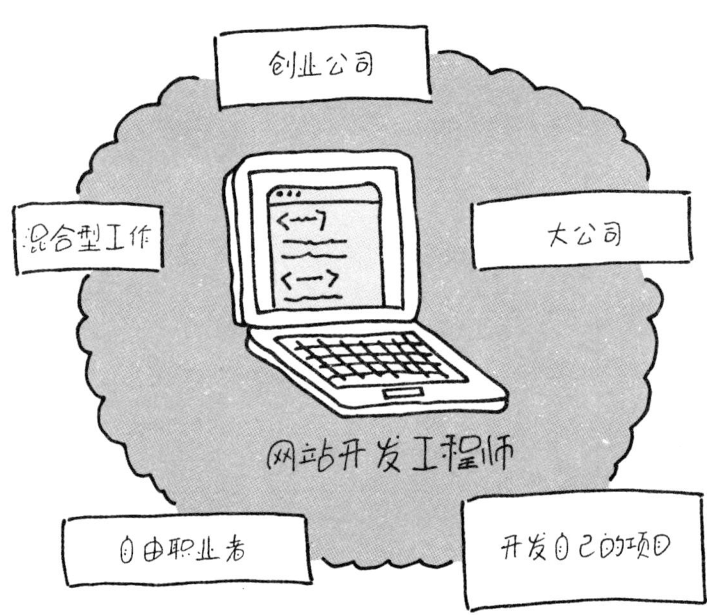
创业公司
混合型工作
大公司
网站开发工程师
自由职业者
开发自己的项目

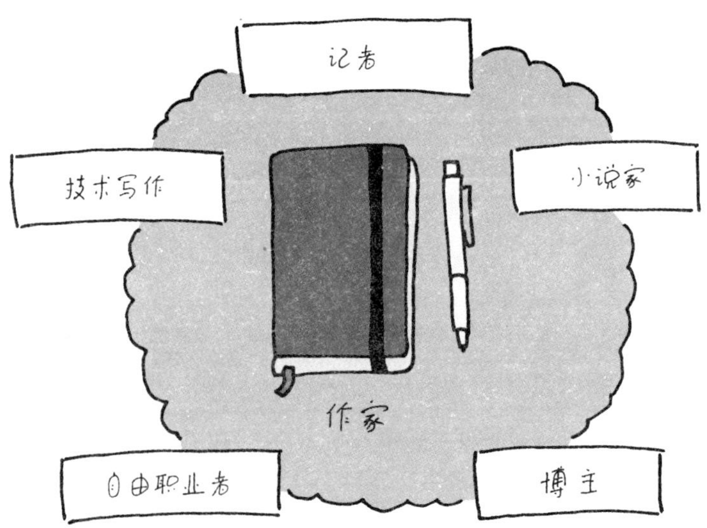
记者
技术写作
小说家
作家
自由职业者
博主

- 做专业化工作或进入制造业、贸易业；
- 加入军队、政府或其他公共事业；
- 做自由职业者或提供咨询服务；
- 混合型或移动型（不同工作的组合或做各种零工）；
- 共享岗位、合伙工作或类似的形式；
- 兼职、季节性工作或其他非正式工作。

当你从这些工作形式中做选择时，还需要注意：就像世上有不同的职业，这些职业中经常也有很多不同的专业。例如，哪怕你是一名作家，也可以用很多不同的方式写作，你可以是小说家、博主、技术写作、记者……这些角色截然不同，工作形式也完全不同。在这些角色中，还有不同的就业结构。例如，如果你是一名软件开发工程师，你可以为自己工作，做一个自由职业者，也可以在公司上班。

在上述作家和软件开发工程师的例子中，每个特定角色都大不相同，工作环境也存在极大差异。但是，无论你选择什么工作，选择合适的工作环境对于成为职场赢家极为重要。如果你仍旧毫无头绪，就请继续往下读。

在本书剩余的部分，你将会看到别人如何运用这个模型为自己找到或创造出最佳的工作环境。你会读到：有个家伙通过 Facebook 销售自己设计的 T 恤赚了 100 000 美元；有位移民在没有安全保障的情况下辞去中层管理职位，然后创立了一项赚钱的生意；有位艺术家单身一人将孩子抚养成人，然后在 40 岁重返校园。

尽管他们的爱好、技能和工作形式截然不同，但他们的共同思路是：**要么明确一个目标，然后全心全意去追求；要么明确一套价值取向，然后坚定践行。不管是哪种思路，第一步都一样：明确你真正想要的。**

如果你还没有想清楚，也没关系，但请记住：成功的路不止一条，但我们的目标是找到最佳路径。你想要的是能满足快乐、金钱和心流这 3 个要求的工作。你越接近这 3 个要求的完美组合，就越幸福，也越成功。本书旨在帮你拿到成为职场赢家的入场券。

03

永远为自己下注

目标

聪明地冒险

虽然我有强烈的意愿和兴趣，但我没有明确的证据证明自己可以做什么，所以我开始上夜校并整理个人项目经历。我让自己成了更好的候选人。

安杰拉

30 岁，机械工程师

> 尽管买彩票通常不是一项明智的投资，但如果你不买，就不会中奖。学会评估风险、做出更佳选择并准备后备计划，这会让你抓住合适的机会。

你进过赌场吗？它们是奇怪的人造建筑，造就了奇幻的景观。赌场里，电梯上行时播放着平静、欢乐的音乐，下行时的曲风稍有不同，快节奏的音乐旨在让你兴奋起来，享受一个赌博之夜。无论何时，赌博大厅始终灯火辉煌地迎接你的到来。如果你没有戴手表也没拿手机，那就只能祝你好运会知道何时该离开，因为目光所及之处不会有钟表，这是赌场有意为之的。

从拉斯维加斯到澳门，所有赌场还有一个共性：最后赢的总是庄家。除了少数例外，无论你是多厉害的赌徒，开赌场的人总是技高一筹，善于让你输钱。

人生就是一场赌博，尤其是职业规划这部分，它就像轮盘赌。我们总是根据直觉做决定，所以往往会反复犯同样的错误。我们的想法是这样的：

> 我不确定要做什么，但它上次奏效了，所以这次也许仍将有效。也许我可以去房间另一边，看看运气是否会好一些。瞧，有个闪闪发亮的东西！

不过，我们有比这更好的办法。与其碰运气，不如智取。赌博毕竟是一项风险极大的投资，而赌场之所以通常会赢，是因为他们有方法降低风险。他们不会完全移除风险，因为那样就没人想去赌博了。但在偶然情况下，赌场也会发现有人能打败他们，此时他们就会阻止那个人，不让他再赌。

大部分你将读到的职业策略就如你在那些拉斯维加斯赌场看到的任何一场赌博，涉及一定的风险。职业策略不在于完全规避风险，这样就没什么乐趣了，而在于找出一个万全之策并巧妙运用，就像赌场一样。

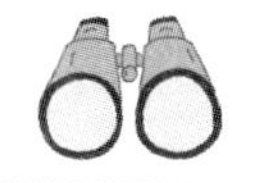

以身试险

多年以前，我第一次也是唯一一次踏进真正的赌场。我有个酝酿了好几个月的想法。

因为要写冒险，所以我想亲自尝试一下。这一次，我的目标是以 87.5% 的概率赢到 50 美元。这听起来很不错，对吧？其中的风险在于，如果失败，我会损失 350 美元。

我的计划是：

> 在轮盘上下注 50 美元，我有 50% 的概率能赢，但不是绝对的 50%，因为赌场总是占优势，不过接近 50%。

如果我赢了，我会带着奖金离开。

如果我输了，下一局我会将赌注翻倍，希望能收回上一局损失的 50 美元和最开始的 50 美元支出。

如果我又输了，我会继续翻倍，赌注到达 200 美元，但这是最后一次下注。毕竟风险有其局限性，尤其是在赌场。

在最理想的情况下，我只能赢 50 美元；但在最坏的情况下，我会损失 350 美元。不过，我有 87.5% 的成功概率，所以还是值得的。

那么，现实是怎样的呢？我去了位于拉斯维加斯大道的贝拉吉奥大酒店（Bellagio）的赌场。我换了价值 350 美元的筹码，先看别人赌了半个小时，让自己看起来不会像个十足的傻瓜。起初我觉得应该押黑色，但后来灵光一闪，换成了红色。

庄家转动轮盘。40 秒过去了，小球慢慢停在一个红色数字上。我赢了！我只赌了一局，就将剩下的筹码换成现金，带着赢的 50 美元离开了。

别担心，我不会放弃全职工作，而你也不应该跑去赌博，至少别在输不起的时候去赌。不过，这是一个有趣的故事，赢的 50 美元差不多够买我第二天的早餐。在赌场真费钱！

你必须做些改变

当史蒂夫·哈珀（Steve Harper）把车停在怀俄明州夏延市（Cheyenne）的一个加油站时，除了睡觉和吃饭的短暂停留，他已经连续开了 1 900 公里路。他一路向西，但终点还不确定。他会在科罗拉多停下，还是掉头南下去阳光灿烂的加利福尼亚州，或者继续一路朝着俄勒冈州开呢？

他唯一确定的是，自己必须做些改变。

过去这些年，史蒂夫在他的家乡密歇根州的法明顿希尔斯（Farmington Hills）从事灯光与制作协调的自由职业。他进入这个行业的原因和很多人一样：他以前是个音乐家，但事业没有起色，所以需要找个别的工作。最后组的那支乐队解散的时候留给他一堆灯光设备，所以他与当地的DJ合作，以每晚90美元的价格在当地承接小型项目。

起初的工作范围很有限，但史蒂夫全心投入，尽可能地学习所有与灯光、舞台设备相关的东西。他向生产设备的大公司要来宣传册，并且一有机会就与组织音乐会和演出的人攀谈。一天，他接到了一家会务公司的电话，对方需要制作方面的帮助。对方问他是否知道光纤幕帘，这在当时是新技术。他并不知道，但他从厂商的宣传册上看到过，所以只要能了解更多信息，他就可以仿造出来。

史蒂夫迅速搞定了一切。他在短时间内证明了自己的实力，当然也读了更多的宣传册，然后开始接到更多的电话。很快，他每个周末都有演出预订，并且几乎每个工作日都有企业会议合作。能看到自己的新技能得到认可当然很不错，但他的工作强度太大了。他不想当管理者，但突然之间他需要对5个家伙负责。他想要自己的生活，但紧凑的日程表挤不出时间。有一个月，他甚至忙到没有时间洗衣服，如果需要干净衣服了，他就在工作间隙去商店买一件新的。

然而，这些似乎还不足以让他意识到生活正逐渐失控。直到有一天深夜工作结束后，他在开车回家时差点睡着。他打电话让人去接他，回家以后连续睡了两天。他醒来后，几个月来第一次感觉到了头脑清醒、精力充沛。于是，他决定做三件事：第一，他需要咖啡；第二，他开始洗衣服；第三，他打电话给所有客户，告诉他们以后不再接工作。

"我不得不辞职，"他在讲述这个故事时告诉我，"我已经精疲力竭，我无法想象继续干下去会怎么样。"在没找好下家时突然辞职是很冒险的一着棋，但幸好史蒂夫还有一层安全保障。这些年的忙碌让他攒了一些钱，出售设备也给他带来一笔资金。他的资金绰绰有余，至少够他过一阵子，于是他把行李打包放进日产 300ZX 跑车，开始了西部之旅。他不知道要去哪儿，也不知道到达目的地后要做些什么，只知道自己需要冒大风险做出巨大改变。

他到了怀俄明州的十字路口，在这里他必须要选择一个真正的目的地了，他选了波特兰（Portland）。他在这座玫瑰之城住下来，做了一阵子零工，在此养精蓄锐。他去了一趟冰岛，在那里滑雪。一直以来，他都在思考自己这一生真正想做的是什么。

渐渐地，演出制作的念头再次蹦了出来。他不想再一周工作 80 个小时，但他很怀念设计灯光和举办演出的创作过程。他开始打电话，寻找可以租用的二手设备。重操旧业起步比较慢，一开始他接到了一场大型演出的订单，但演出正好撞上"9 · 11"事件，因此取消了。但在他的才华流传开来后，他逐渐建立起新的客户群。

这一次，他更小心了。如今史蒂夫一直忙于制作事业，频繁赶赴纽约、亚利桑那州和国外工作，但他没雇任何人并尽量不透支自己。他奔赴未知的冒险决定得到了回报。由于不再过度操劳，也不再压力重重，他已在工作中重拾曾经的快乐和满足。

做重大决策时需要记住的两个原则

为什么没有更多的人追求自由独立的生活？我想不是因为他们懒，至少大部分人都不是，很可能是因为他们不知道怎么去做。他们认为那样做太难或太冒险，所以很害怕，他们没有清晰的路径可供参考。但实际上，大部分职业和人生际遇，甚至只是值得一试的事情，都有一定的风险。

如果有个机会并非十拿九稳但成功概率极高，你会怎么办呢？如果任何努力的成功概率都是 100%，你当然会迈出步伐，不假思索去追寻。如果成功概率是 99%、95% 乃至 85%，你可能也会去做。相反，如果成功概率小得可怜，只有 2% 或 10%，你可能就会迅速回绝："不用了，谢谢。"当成功概率介于不太可能和十拿九稳之间时，情况就复杂了。每个人的风险承受能力都不同，但在抓住机会或做出职业选择之前，我们都必须慎重考虑。

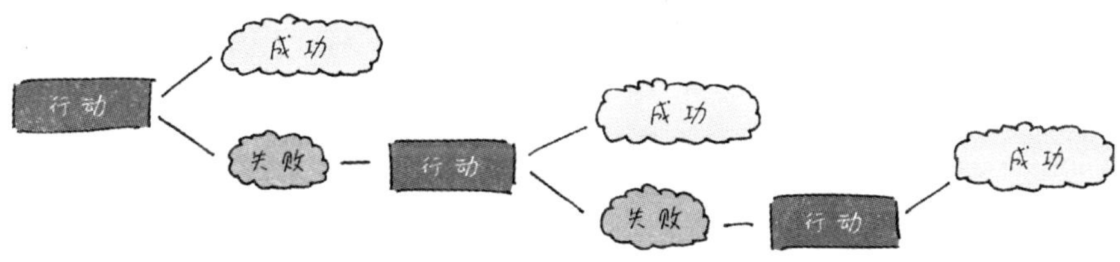

有些人会尝试评估自己确切的风险承受能力，从而科学地做决策。例如："如果成功概率有 70%，我愿意去试。我能接受 30% 的失败概率。"然而，我们大多数人选择时没有那么严谨。在没有水晶球的情况下，计算成功或失败的概率其实很难。就像玩老虎机的赌徒，我们靠的是情绪、情境以及对选择正确与否的全面评估。因为信息不完备，所以我们往往是在"战争迷雾"[①]中做决定。简而言之，我们不知道会发生什么。

① 战争迷雾（fog of war）指在战争游戏中制造双方战术不可预测性的机制。——译者注

除了占卜，这个问题唯一的解决方案就是成为一名更好的风险评估者。这没有听起来那么难。做所有重大决策时，你只需记住以下两个原则。

原则一：识别危险

如果你是焦虑型人格，这个时候焦虑倾向可以帮助你。即使你不是，也请花几分钟时间列出所有可能因潜在的变故、风险或机遇而出错的事情。在很多情况下，你会发现最可怕的危险既不会致命也不可能发生。即使风险很大、后果很严重，只要知道会发生什么就能给你前进的信心。如果真的太过冒险，这样做也能赋予你放弃的智慧。

原则二：不要因为担心错失良机而做决策

想象一下，你正在找工作，第一次面试之后就马上接到了录用通知。你可能会受宠若惊，也许还有点骄傲，但你也可能会怀疑这个机会是否最合适，或者别的地方是否有更好的选择。这种担心错失良机的心理会促使你继续寻找，或至少会延期接受第一份录用通知。

但试想一下另一种情况，如果你已经参加了 50 场面试，却没有收到任何录用通知。然后在第 51 次面试之后，你接到了人事经理的录用电话。即便条件不理想、工作不合你意，你也可能同意，并且可能是马上同意。因为别无选择，所以你最好接受这份工作并为此感到庆幸。

在这些例子中，第一份工作可能非常适合你，而第二份工作可能是个灾难。因为我们往往会基于担心或稀缺感做出决策，所以我们有时会感觉被迫接受次优的选择。我们越善于根据当前已知信息做出理性决策，就越善于评估风险。

职业策略之井字游戏

井字游戏是一种完全信息博弈。在完全信息博弈中，你想知道的所有信息都反映在记分卡上。它不像扑克牌，那样的游戏中存在隐藏信息，不到最后你不会知道对方手中的牌。

玩井字游戏的时候，有个完美的策略：如果你知道如何正确地玩这个游戏，就不可能输。你要么赢，要么收获平局。如果你和另一个知道这个策略的人玩，并且你们俩都没有失误的话，你将永远收获平局。[①] 换句话说，井字游戏不像扑克牌，它是一款风险很低的游戏。

国际象棋也是一种完全信息博弈，没有隐藏信息。两位棋手以及观众都可以通过棋盘了解双方的当前位置和相对强弱。然而，它不像井字游戏那样有唯一的制胜策略。实际上，的确有上百万种方法去赢或输一盘棋。国际象棋更像人生，它不在于记住一种策略，而在于知道如何预测并且回应对手的招式。尽管高手经常运用诡计掩饰他们的进攻路线，但同样的高手也能看透玄机，因而在国际象棋中取胜更加困难，这个游戏的风险也更大。

- **井字游戏：**完全信息，存在完美的获胜策略（简单博弈，低风险）。
- **国际象棋：**完全信息，存在多种获胜策略（艰难博弈，高风险）。
- **扑克牌：**不完全信息，存在多种获胜策略（千难万险，高风险）。

在寻找你命中注定的工作时，很多信息是不完全的。只有制订一种不论信息多寡都适用的策略，你才能成功。在本书第二部分，我们会看到一份有特定选项的清单，里面介绍了你能够运用的各种方法。现在，让我继续给你介绍更多工具，帮你管理和防御在寻找理想职业的路上会碰到的不可避免的未知风险。

---

① 玩井字游戏时如何打成平局或获胜，请见附录 3。

如果A计划失败，记住还有25种计划

瓦妮莎·范爱德华兹（Vanessa Van Edwards）有个消息要告诉全世界。作为一名社会心理学家，她致力于开发说服力与影响力方面的商业课程。她的业务进展很顺利，但不久后她想扩大客户群。她把目光投向Creative Live公司，这是一个提供生活方式和商业培训的线上平台。瓦妮莎有几个朋友在Creative Live授课，所以她很容易就能被引荐给公司高层，但她没有这么做。

她没有与Creative Live公司的制作人或高管联系，而是用了另一种方法。她给网站上列出的客服邮箱写邮件，邮件中论证了为什么她的课程会很有效。

起初，这听起来就是一着险棋。在无人引荐的情况下，就盲目向一个可能推销邮件成堆的公开邮箱地址发邮件？这无异于电话推销，成功概率就算不是几乎为零，也会很低。

但是你可能已经猜到，瓦妮莎实际上很聪明，她给这封邮件取了一个令人难忘的标题："我来告诉你如何大赚一笔"。在正文中，她给了一个幻灯片演示的链接，幻灯片中详细论述了为什么她的课程会适合这家公司。身为说服领域的专家，瓦妮莎运用自己的技能，提出了一个令最终看到这封邮件的高层很容易答应的方案。

这招奏效了。瓦妮莎的课程成了Creative Live最火的课程之一。这是个不小的成就，因为网站上有成百上千个专家学者开设的课程。但这不是最有意思的地方，至少对我来说是这样。当她边喝咖啡边给我讲这个故事时，我禁不住回想她在初次推销时选择的方法。那无疑是个大胆的尝试，但她实际上没必要这么冒险。

我问她，为什么不直接通过推荐呢，那样的话，提案会更容易被高层看到，而不是被归到垃圾邮件或被实习生删掉？

她的回答很有意思。她告诉我，她是故意在全公司而不只是在决策层争取课程支持的。她寻求的是真正的项目合作，她希望一线员工也能知道她。Creative Live 的一位资深制作人后来证实这的确发生了："我们看到瓦妮莎的邮件在全公司被传阅。"

尽管如此，我依然坚持问她："为什么当初要冒这个被拒绝的风险呢？"

对于这个问题，瓦妮莎很快给了答复："哦，我想过这个问题。如果这种冷推销[①]没有像我希望的那样管用，我会去找人引荐的。"就在那时，我明白了：她的做法根本不存在任何风险。因为她最初的方法只是她的 A 计划，如果 A 计划失败，她还有一整套应变计划。换句话说，即便冷推销是她的最佳选择，她也并没有完全指望它。如果行不通，她就会改变策略。

我开始做生意的时候曾经说过："我不要后备计划，后备计划是留给懦夫的。"但现在，我意识到这并不是好主意。后备计划不会让我们成为懦夫，反而能让我们承受更多的风险。

制订后备计划："如果……那么"方法

程序员和会计会运用"如果……那么"语句告诉电脑软件如何处理信息。如果某一特定操作为真，那么另一个操作会被执行。"如果……那么"逻辑也构成了日常生活中演绎推理的基础：

① 冷推销（cold pitch）指主动向未曾谋面的人推销的方式。——译者注

如果你关闭水龙头，那么水就停止流动。

如果你出门不带伞，那么你就会被淋湿。

如果你喝很多咖啡，那么你将精神抖擞。

在编程时，优秀的程序员会尝试创建防故障选项，以防程序出错。东京城市规划师就是运用这种方法算出，若某条地铁线路发生故障，该如何在麻烦和延误最少的情况下转运乘客。

你可以将“如果……那么”的思维模式运用到职业规划中。想想瓦妮莎的例子，她没有通过引荐直接会见高层，而是向公司基层进行冷推销。

目标：让公司每个人对课程感兴趣

A 计划：自下而上进行推销

B 计划：请求引荐

她的“如果……那么”公式可能如下所示：

如果基层推销让高层对课程感兴趣，那么就大功告成。

如果基层推销没有让高层对课程感兴趣，那么就转而请求引荐。

下次你要采取一项有潜在风险的行动时，可以坐下来写出你自己的“如果……那么”公式。记住，永远都要有后备计划。如果 A 计划失败，你还有 B 计划、C 计划等。

投保职业险

如果你家中有烟雾探测器，那么确保它能正常工作就是个好主意。如果你有孩子或其他家人，你可能就想买人寿保险以防不测。不论你家境如何，最好都能持有至少可以维持3个月开销的应急基金。这些只是人们应对死亡、灾难或厄运的常用安全措施的3个例子。

但安全不只跟钱有关，它还是一种感觉。你不仅需要采取行动营造有形的安全，比如储蓄基金，而且也应该建立能够让你在寻找理想职业时承担更多风险的安全感。

你可以通过3种方法构建“职业险”来建立安全感。

1. **开源。**即使你不想成为企业家或地产巨头，降低风险最简便易行的方法也是通过不止一种途径获得稳定收入。我们将在后面的章节中探讨“副业”这个概念，通过副业，你可以在本职工作外创造额外的收入来源。
2. **量入为出。**关于幸福，有句老话：不论挣钱多寡，若能量入为出，你就会很幸福。同理，不论挣钱多寡，倘若入不敷出，你就不会快乐。这样说也许过于简化，但根据收入来决定消费是个可靠的建议。当你的收入增加，你往往会花得更多，这未必是坏事，但要确保你花的没有挣的多。
3. **与人为善。**很久以前，史蒂芬·柯维（Stephen Covey）提出了“情感账户”的概念，你可以通过待人友善、乐于助人不断在他人的生活中存款。因为人际关系永远是你最大的资产，所以要花时间定期评估你如何成为更好的朋友和同事。

持续使用线上社交媒体能够帮你与朋友、同事保持联系。社交媒体本身并不会提升安全感，但如果你想推进事业发展，远离网络可不是好事。不要在一堆你不会持续更新的网站创建账户，最好是有几个活跃的社交账户。想了解更多关于如何有效使用社交媒体的内容，请阅读本书第153～154页。

如果你想更幸运，就应该更聪明地冒险

史蒂夫·哈珀的才能使他成为大型活动的关键人物，甚至在他对未来一无所知，冒险放弃制作事业之后还是如此。并且，因为在拼命工作期间量入为出攒了一些钱，所以他有了能够赋闲思考人生走向的安全保障。他不仅聪明、有创造力，还非常可靠，这在娱乐圈是难能可贵的品质。

瓦妮莎·范爱德华兹没有走引荐的老路子，而是采取了一个大胆的举动。她很幸运，最终赌赢了。但就算失败，她也可以直接转向 B 计划，最后可能还是会成功。

你要如何变得更幸运？有句老话说：运气是可以预测的，如果你想更幸运，就更应该冒险。让我们稍微改一下：如果你想更幸运，就应该更聪明地冒险。请记住，这不只是一个数字游戏，而且是通过首先选择正确的数字来控制你的风险。

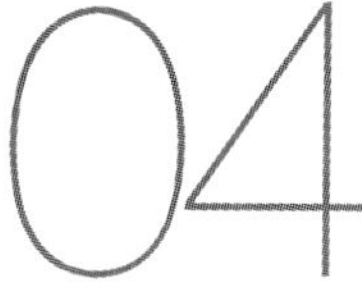

造一把自由的钥匙

目标

掌握正确技能

如果你想创造一种艺术，就必须付诸行动，且立即动手。光说不做没有任何意义，我有很长时间都是这样。坐而论道，不如起而行之。我现在的口头禅是：比完美更重要的是完成。

利奥妮
47 岁，艺术家

不管是从真的监狱还是格子间"越狱"，都将迫使你跳出思维定式并运用各种技能和工具。多数大学没有逃脱术专业，即使你离开了办公室，也没有人能给你通向自由的钥匙。就像在监狱中，你需要自己造一把。

丹尼尔·维尔切克（Daniel Vlcek）在科罗拉多州一家物业管理公司管理 50 人的团队，他想为他们做一些好事。在一次有老板和其他经理出席的预算会议上，他申请每年花 2 000 美元为周五下午的聚会购买比萨和冰激凌。

老板告诉他，绝对不行，他们负担不起。

丹尼尔知道事实不是这样：这家公司赢利颇丰，年度薪资总额就有 100 万美元。他的团队成员在旅游旺季时还要辛苦工作，用 2 000 美元奖励他们其实微不足道。

丹尼尔和老板之间早就发生过一系列令人不快的冲突，这次谈话只是最近的一桩。第二天，他带着辞职信走进老板办公室，并丢下一句话：“虽然我有一个帮公司省钱的好主意，但我不干了。”

话虽如此，但那时丹尼尔并没有真的打算离开。他认为，辞职威胁表明了他们团队的团结，可以赢得尊重并让老板改变主意。但是，结果并非如此。老板毫无异议地接受了他的辞职。于是他驱车到了湖边，这里是能让他产生好想法的地方，他需要想清楚接下来做什么。

丹尼尔从捷克移民到美国已经超过 10 年了。他接受过电工培训，并拿到了市场营销专业的硕士学位，但他刚到科罗拉多的时候不会说英语。他一边学习一边做家政工作，逐步晋升直至负责整个团队。但他知道，只要是为别人工作，即便做到管理职位也不是他的最终目标。

这一次，有两件事情改变了他的未来。一名在公司做暑期工的大学生在返校前，送给丹尼尔一本关于领导力的书。起初，丹尼尔认为这本书是一种对他的侮辱：“他可能想告诉我，我需要帮助。”但是他一翻开，就被迷住了。

成为领导者的目标是和他想要的其他东西，也就是自主和弹性绑在一起的。公司老板最近离开几个星期去了亚利桑那州，除了打高尔夫什么都不做。“他把手搭在我肩膀上，”丹尼尔告诉我，“说‘做得不错’。然后他上了保时捷离开了。”对丹尼尔来说，能够随时开车去打高尔夫听起来相当不错。但他关心的不是名车或高档高尔夫俱乐部会员，而是选择的自由。他也想要那种自主力，并且他也想比这家公司更好地为人们服务。

失业几周以后，他在家里忙得团团转，但没有什么进展。最终，他鼓起勇气，穿过街道去拜访一位邻居。这位邻居有一间出租屋，丹尼尔提出自己可以帮忙铲雪、打扫屋子或做其他事情，而她只需付一些钱。这份工作不起眼，收入也不高，但她同意了，她的积极回应让丹尼尔信心倍增。

丹尼尔尝到了成功的甜头，决定启动埋藏已久的创业理念：管理租赁物业。他拿到当地 100 家业主的地址，手写了 100 张明信片推销他的服务。“等待时间很漫长，”他说，“但我有的是时间。”

他只收到一个回复，但随之而来的还有一份服务合同。他有了第一个客户！后来丹尼尔反思的时候，就手写明信片试验算了一笔账。1% 的投资回报率并不高，但他已经实现了零的突破。总而言之，他很开心。

尽管空闲时间很多，但他决定不再手写另外 100 张明信片。他招徕客户的第二次尝试是：拿到另一群业主的电话号码，并给他们每人发了一条短信。丹尼尔很反感推销电话，但他认为短信应该无伤大雅。这次推销又带来两个客户，他回过头做进一步评估。根据这几个月的业务，他的年收入已经可以达到 27 000 美元。虽然这个数目对科罗拉多州的奢华滑雪场的消费水平来说不算什么，但对生意刚起步的人来说已经足够振奋人心了。

更棒的是，这份工作给了他一直想要的弹性和自主。作为 3 个孩子的父亲，丹尼尔开始围绕着孩子规划自己的日程：早起工作，送孩子上学，之后继续工作，然后下午 2 点到 4 点带孩子们去滑雪场。正如很多企业老板那样，他的工作量并没有减少，但是工作变棒了，他可以自己掌控节奏。

一年以后，他有了一份完整的客户名册，并开始雇人帮忙。他的长期目标是开一家酒店，但如果一时半会儿实现不了，他也不担心。“生活已经无可挑剔，”他告诉我，“我很庆幸我的前老板不愿意给员工买比萨，因为现在我可以自己买了。”他在职业生涯中首次真正感觉像个自由的人。

你被囚禁了怎么办

近来，阿尔卡特拉斯岛[①]成了热门景点，从旧金山的渔人码头可以搭乘一趟昂贵的渡轮前往。只需 45 美元（你读到这里的时候很可能涨价了），你就能参观阿尔·卡彭（Al Capone，黑帮教父）曾被关押过的岛屿，并了解它曾经作为联邦监狱的历史。

但在 1963 年被废止以前，进入阿尔卡特拉斯岛要的可不只是信用卡和身份证。必须是有很大逃跑可能的惯犯才会被押送到那儿，而且通常都是长期监禁，没有假释的希望。这间监狱被认为牢不可破，而你可能已经知道接下来发生了什么。就像“泰坦尼克号”号称永不沉没，结果沉没在大西洋那样，阿尔卡特拉斯岛虽固若金汤，却成了监狱史上最著名越狱事件之一的案发地。

在 1962 年 6 月 11 日晚上，3 名囚犯决定从阿尔卡特拉斯岛越狱。过去一年，他们用勺子在牢房的墙上挖洞，接通了走廊。最后，他们乘坐用胶水和雨衣制成的充气阀出海。他们消失近 8 个小时后才被人发现，并且再也没被抓回去。

如果你被囚禁在阿尔卡特拉斯岛或者处于比这情况更糟的状况中，该怎么办？假设最坏的情况如下：你以莫须有的罪名被判处无期徒刑，并且没有上诉程序。时间紧迫，你只有两种选择：要么认命给别人做替罪羔羊，要么

① 阿尔卡特拉斯岛（Alcatraz Island）俗称恶魔岛，以关押美国最棘手的犯人而闻名，1963 年被废止，现为旧金山著名观光景点。——译者注

试图逃跑。你当然会试图逃跑，但是怎么逃？

因为你是无辜的，所以你可能对监狱生活没有什么经验。但因为在狱中你有充足的时间思考，所以你整日策划出逃计划。你注意到的第一件事就是，出逃计划需要运用各种不同的技能。也许你以前拿到的商学院学位可以让你在监狱行政处获得一份轻松的工作，从而能够获取资源并且熟悉所有可能的出逃路线。然后你可能需要用肥皂和牢房中别的东西秘密地复制一把钥匙，这需要你重拾遗忘已久的参加童子军时学会的技能。

你可能还需要运用各种社交技巧，尽你所能拉拢一名看守，或至少要掌握这名看守的工作模式和惯例。你不希望使用暴力，你只是想离开而已！但你或许还是应该了解一些武术用于自卫，以防被攻击。

不管是从真的监狱还是格子间“越狱”，都将迫使你跳出思维定式并运用各种技能和工具。多数大学没有逃脱术专业，并且即便你的“监狱”只是公司，也没有人能给你通向自由的钥匙。就像在监狱中，你需要自己造一把。

技能转换的艺术

在辞职信意外被接受之后，丹尼尔突然间成了无业游民，无所事事。他坐在湖边思考自己的梦想和抱负，并考虑自己擅长做什么。最终，这两个问题的交集让他找到了答案。

在和成百上千“越狱”成功的人一起工作后，我发现当他们不仅注重提高技能，而且注重提高正确的技能时，成功就指日可待了。他们还往往能敏锐地发现两个重要事项。**第一，每个人各有所长。**通常，你的长板与你在学校学到的东西或你这么多年的工作经验没有关系。每个人都有其他技能或知识的来源，也许藏得很深或尚未被用到。当你追求一个完全不同且更赚钱的职业目标时，它们就会被发掘并有所发展。

第二，你擅长的事情，有其一必有其二。尽管在追求自主时你的学历和证书可能不是最有用的，但一路走来，你也许获得了能够被重新定位或转换的技能。学历和证书说明你能够在框架内做好工作，但仅仅在框架内很难得到自主力。技能说明你能够把事情完成，它们才是你“越狱”之后找到成功和快乐的钥匙。

追寻自主要求你摒弃既有的思维模式，在此过程中，我们会掌握正确的技能。

自学成才的瑜伽教练

如今，自学职业发展所需的技能要比以前容易得多。让我们来看看下面这个不同寻常的故事，应当事人要求，我隐去了他的姓名。

以前，我是一名私人教练，所以我对身体很了解。但我不太懂瑜伽，也并不想上200个小时的认证课程。于是，我去了本地的DVD出租店（当时这玩意儿还存在）。我租了所有能找到的瑜伽DVD，然后又上亚马逊网站买了一些。之后一周，我一直在观看视频，并仔细记录了专业术语和姿势。

我就是这么自学的。接下来一周，我开始教学，并在进入教室时尽量不表现出紧张。但是情况很好！

> 第一个小时的教学很顺利，于是我就一天教 3 节，一周教 5 天。我的教学还获了奖，教室里挤满了人。而且，人们还让我给他们做培训。每当他们提起这件事，我就会想起去 DVD 出租店的情景，然后笑起来。
>
> 从这个故事中，我们能吸取的经验是：工作或获得资质的方法往往不止一种。

识别并盘点你擅长的事

任何一部好的越狱题材的电影通常都有一个主角和很多配角，主角当然是无辜的，他会有形形色色的帮手和阻碍，最终得以逃脱。通常，每个帮手都有一技之长。有的是工具专家，在电气室工作，能修理任何东西；有的有药理学学位，能够找到安眠药，把它放到夜班警卫的咖啡中；有的身材矮小，能够挤进狭小的空间。

这些技能和能力大多不能相互转换，也很难学会。如果你不知道如何侵入监狱电网去关掉哨塔的灯，那么短时间内你就不可能掌握这种能力。对大部分人来说，进入药品库也很难做到。身材矮小则是由基因决定的，不以你的意志为转移。

因此，在考虑如何升级你的技能和增加新技能之前，了解你现有的技能是很有价值的。至于如何增加新技能，稍后会详细介绍。

有很多书、测试和课程可以帮你识别和盘点自己擅长的事，但是为什么要搞得这么复杂呢？你了解你自己，对吧？下面就是一个简单的方法。

1. 列出你能出色完成的事

将所有你知道如何去做的事列成一个清单。清单可以包括：

- 你从大专、大学或其他高等教育中学到的技能；
- 你从父母或其他人身上学到的技能；
- 你在工作期间学到的技能；
- 你通过阅读、参加在线课程或纯粹的反复尝试等方式自学的技能。

在第 2 章，你认识了工程师安杰拉。安杰拉擅长产品设计，在一家思想超前的公司，她明白了如何运用自己的技能去改善环境。第 3 章中的制作协调员史蒂夫·哈珀很早就意识到自己喜欢给音乐会和演出做音响和灯光设计，并围绕这方面成功创业。这些技能中的任何一项都是价值连城、独一无二的。即使你的技能没有这么与众不同，也要确保自己有一些简单的技能。

2. 列出至少一件你讨厌和不擅长的事

正如成功越狱需要我们了解自己的技能那样，知道自己的短板也很重要。例如，如果你对科学一窍不通，那么尝试侵入并且关闭监狱的警报系统就可能不是最好的逃逸方法。

你最短的短板可能永远不会变成长板，尤其当你不在意这个短板时。就我而言，我讨厌任何跟机械沾边的事情。如果我和你一起越狱，我可做不了修理工。

对照这两份清单，然后关注那些需要改进的事情，而且它未必是你最不擅长的事情。

制作你的倒计时表

我父亲航天事业的最后几年不像早期那么有意思，这也许是我的错，因为我没有从旁协助他测试航天飞机，而且缠着他带我去汉堡王。他最终退休，进入人生的新阶段：写推理小说和短篇故事。在收拾东西搬进海边的办公室之前，他做了一张电子表格，上面显示着距离他真正退休还剩多少天。

这很快成了我们餐桌上讨论的一个话题，我会问：“嘿，爸爸，你还得工作多少天？”他会这样回答：“嗯，我记不太清……等一下，我想我记得。看起来我还要工作 673 天又 4 小时。”士兵们执行长期任务时也会做同样的事情，倒计时直到结束任务那天。

如果你处于类似的境况，不管是被困在格子间、在执行任务，还是被其他事情困住了，那就制作你自己的倒计时表吧。你可以像我父亲一样做一张电子表格，或直接使用手机上的相关软件，还可以直接在日历上标注天数。

如果你没有一个解脱的截止日期，那就定一个。你自行决定截止日期会是哪一天，然后尽你所能朝着它努力。不管你怎么做，都请盘算着日子准备迎接自由！

提高正确的技能

大多数人在考虑“提高技能”时，他们想到的就是诸如提高制表技能或练习外语的不规则动词等事情。但大部分情况下，这些事情不能帮你在事业上取得重大进展。

如果你的目标是摆脱讨厌的事情去做梦寐以求的工作，你就需要迅速提高正确的技能。正确的技能分为两类。在专业领域，有与工作直接相关的技术性技能，例如你应该掌握的某个软件或工作所需的任何一种实用技能。我们把这些称为“硬技能”，它们不是大多数人都会去学的东西，但对你做的工作非常重要。其他技能更加普遍，或至少应用更广泛。我们把这些称为“软技能”，因为无论你在生活和工作中做什么，它们都可以帮助你。

一般来说，提升软技能可以让你成为更好的员工、更有吸引力的求职者以及使你自己更自信的代言人。至少对我们大多数人来说，没有理由不去提升它们。大多数情况下，软技能不是在课堂上学到的，它们需要从现实生活中汲取。软技能不像学习硬技能那样需要专家指导，而是可以自学。

1. 提升你的写作和演讲能力

不是只有职业作家才能从良好的写作能力中获益，并且大部分人在工作中都需要清晰表达的能力。写作能力不只是能正确使用语法和拼写，毕竟职业作家也用拼写检查程序。**写作本质上都是为了说服别人。**所以，确保你的作品包含了行动倡议，你可以问自己：“我想让人们读完以后去做什么？”

好文章的另一个特点是引人入胜。即便你写的是企业报告，也有办法让读者沉迷其中。无论主题是什么，都要言简意赅并尽量做到有趣，在作品中加入一些幽默或趣闻逸事会很管用。在发送一份重要的备忘录之前，先大声读出来。[①]

至于提升表达能力，本地的国际演讲会（Toastmasters International Club，在 100 多个国家均有分部）是个好渠道。在这样的俱乐部中练习的公开演讲方式在工作中不一定会用到，但它可以帮你培养自信，并让你更了解如何提出观点、寻求他人支持。如果你附近没有国际演讲会，可以尝试在开会时多发言、在社区会议上多发表意见或在孩子的学校发表演说。当然，前提是你要言之有物。你可以用讲故事的方式阐述一个原理，如果你的发言不止 1 ~ 2 分钟，就要提前想好开场白和结束语。当众说话时，要试着更轻松、自然。

无论你做哪种工作，能够提出强有力的观点都非常关键。**提高写作和演讲技能的核心在于：有说服力、有趣味性、充满自信，以及让别人认同你的观点。**

2. 学会谈判

谈判不只对外交官和汽车销售员有用。谈判的艺术在于，为工作内外的所有问题找到双赢的解决方案。有些人认为谈判的目的是为自己达成最好的交易，但这不是重点，至少不需要不惜任何代价去做。你当然希望维护自己的权益、达成好的交易，但你也希望对方能开心地离开谈判桌。

几年前去中国时，我发现善于谈判和咄咄逼人只有一线之隔。如果我在市场上未经议价便接受初始报价，就会被认为软弱可欺。在世界上很多文化中，初始报价绝不是最后成交价格，你应该随时准备好还价。然而，如果我还价太厉害，商家就会破口大骂，不再搭理我。如果要得到我想要的，就要

① 更多关于提升写作能力的方法，请参考安·汉德利（Ann Handley）的书《众媒时代，我们该如何做内容》（*Everybody Writes*）。

拿捏好分寸：态度要坚决，但不能过于急切而让对方退缩。这个经验在大多数情况下都适用，只要你的目的是说服他人给你想要的东西。[①]

要想提升你的谈判技能，可以听听牌桌上的经典建议：不仅牌技要好，而且还要知道在哪张桌子上玩。知己知彼，聪明地打牌，等到时机成熟再押上你最好的赌注。

3. 提升你的执行力

无论是在什么领域，成功者都善于执行。如果你曾参加过这样一个会议，会上讨论了很多好的想法，但后来不了了之，你就已经发现了一个运用执行能力的好机会。提出想法很容易，而能将想法付诸实践才是真正的价值所在。

把事情写下来是提升执行能力最基本的方法之一。好记性不如烂笔头，光是要准确记起所有事情就会让你精疲力竭。但不要只是写下你的待办事项，你还应该给出完成它们的截止日期，否则行而无果。有很多不同的系统和方法可以跟进待办事项，只要适合你，选哪种方法并不重要。

4. 与时俱进

经济学家泰勒·考恩（Tyler Cowen）每天都会更新名为“边缘革命”（Marginal Revolution）的博客。他关于未来的理论之一就是，世界会比现在差距更大、更不平等。他说，这种差距不只存在于贫富之间，还存在于接受新科技的人与抗拒新科技的人之间。用他的话说，“高收入人群”是那些经常使用各种电脑的人，而“低收入人群”是那些排斥使用工具和软件的人。

---

① 如果你曾去市场买过东西，就会发现商家也要把握好赢利和宰客之间的分寸。他们也必须善于谈判，才能获得长久的成功。

换句话说，未来能得到蓬勃发展的是那些能够运用科技改善生活、提高生产力的人。

逃离监狱或任何你讨厌的事情之后，提升软技能可以让你在“出狱”后的就业市场提升自己的价值，并帮你找到命中注定的工作。

优秀到不能被忽视

几年前，我开始和一个名叫尼基·哈亚尔（Nicky Hajal）的网站开发工程师一起工作。开发工程师是个很有意思的群体：他们总是技艺精湛，但做事情往往我行我素。当然，这么做并不总是对的，他们有时因过于关注既定任务的细节和技术层面而不顾大局。

尼基与众不同。从我们第一次接触开始，我就明显感觉到他感兴趣的是以把事情变得更好的方式去运用技术，而不只是为了使用技术本身。他通过进步和提升来激励自己，并且如果他不知道如何去做某些事，就会跑去学习而不是放弃或宣告失败。

在执行层面，尼基也很了不起。一次，我有个项目，起初由另一个开发人员负责，这个人需要 6 周时间，但我们等不到那个时候。我感觉尼基能在 2 周内搞定，但当我联系他的时候，他的答复让我更加惊喜：“给我 3 天时间。”果然，3 天之后，他完整地交付了项目，还自己加了一些功能，他说：“因为它们好像会派上用场。”

尼基不仅是个经验丰富的程序员（硬技能），而且是个专注、好学的解决问题的高手（软技能）。而这些软技能不仅对开发人员和程序员来说很重要，而且无论你做什么，它们都很关键。当丹尼尔·维尔切克辞职创业的时候，他已经具备了物业管理的硬技能：他接受过电工培训并在科罗拉多的度假屋做过很多年维修工作。不过，真正让他成功的是他坚持学习提高软技能，尤其是与人合作的能力。

他克服羞怯、敲开业主的门，然后发现自己很善于让业主认可他处理整个预订和管理过程的能力。实际上，他的人际交往能力越强，生意就越好；而生意越好，他就越能享受一直想要的自主。他后来说，失业是他碰到的最棒的事情之一。

总而言之：

- 只有边缘技能的专业人员：未来不需要；
- 硬技能强但社交能力差的专业人员：未来短期需要，但长期未必有价值；
- 硬技能和社交能力都很强的专业人员：未来不可或缺。

像尼基和丹尼尔这样的人让我想起史蒂夫·马丁（Steve Martin）说过的几句话："在你刚刚开始的时候，就要做到不只是优秀，而且是优秀到不能被忽视。"现在，你可能已经具备很多硬技能了。为了优秀到不能被忽视，你要集中精力提升软技能。

每年辞职一次

当你停滞不前或只是不确定当前工作是否为最佳选择的时候，有个办法：每年，在你选定的那一天，自行决定该辞职了。你可以真的这么做，或只是从理论上这么做。每年，对自己承诺："如果坚持下去真的不是最好的出路，我将选择'越狱'，做些不同的事情。"

如果你在上学，也可以这样做。每年，如果继续读不是最好的选择，就决定退学。请尽可能地忽略沉没成本。如果你在攻读为期 6 年的博士项目，而在你意识到它让你痛苦不堪时，你已经读了 2 年，那么你要考虑的就是接下来的 4 年，而不是之前已经花费的 2 年。

无论是辞职、退学还是别的事情，你都可以用下面这份声明草稿来对自己做出承诺。

> 每年<u>　日期　</u>，我将辞职。届时我将评估继续坚持一年对我来说是否为最好的选择。如果是，我将坚定信心、付出一切；如果不是，我就会立刻开始寻找更好的事情。

如果你最终因为热爱而继续做当前的工作，那么棒极了！如果不是，就是时候逃离“阿尔卡特拉斯岛”了。不管怎样，现在你已经做出理智的决定，可以充满信心地前进了。

Born for This

何时该突破，何时该等待

这是一个大难题：如果你处境凄惨，你是会马上做出改变，还是徐徐图之呢？如果你想辞职做些更好的事情，你是应该裸辞，还是应该先构建安全保障呢？

在过去 15 年中，我亲身经历过裸辞，也听说了很多裸辞者的故事，有些故事相当戏剧化。

- 一名工作经验不足的会计误将高收入客户的纳税申报单上传到一个公开的网站上，他被押出公司并被要求无论如何别再回来，继续向前成了他显而易见的选择；

- 有个家伙在便宜的汽车旅馆住了 9 天，直到完成新项目的商业计划才离开；
- 有位女士通过使用一系列的提示卡控告她的老板性骚扰而轰动了社交媒体，她未寻求任何建议；
- 不止一个人只是因为不想在午休之后返回公司，就把一切抛在身后，包括他们在格子间的私人物品。

通常来说，像这样极端的故事往往会引人关注。不过，我们大部分人要有更多的规划才会安心。尽管冲出会议室可能很有趣，但是慢慢制订“越狱”计划通常更明智。如果你有了决定，就在“服刑”期间运用本章教你的方法提升自己的技能，去谋划更美好的未来；然后利用这些技能将自己解救出去。

05

答案源自你每天接触的人

目标

发现你最有市场的技能

因为对自己做的事情越来越有信心，我变得越来越善于推销和提升自己，这是我过去不会使用的技能。我已经学会如何大胆向做得好的人征询意见，并且开始善于拒绝那些不能带给我快乐或与我的价值观不符的机会。

萨姆

53 岁，绗缝图案设计师

当你尝试抽中职场中奖彩票时，有时它近在咫尺。大部分紧迫问题的答案与通往命中注定的工作之路，可能就源自你每天接触的人群。

40 岁的时候，萨姆·亨特（Sam Hunter）做了一个巨大的改变：回到学校。她在英国长大，小时候就一直想成为一名艺术家。但即便她只是个孩子，也被劝说要找个“正经”工作。所以在高中结束后，萨姆来到美国，获得了电子工程专业的副学士学位，开始了在 IT 领域 25 年的职业生涯。在此期间，她做过很多不同的工作：接听客服电话、帮一家医疗保健公司上线老化算法以及质检。

她注重细节，尤其擅长质检工作。她喜欢检测哪个环节出了问题，并思考如何修复。在电话中与客户交流是解决问题的另一个机会，因为有些人不习惯从一位女性那里获得技术支持，所以她必须想出新颖的办法去消除他们的抵触情绪。尽管如此，她对工作还是没有认同感，而且始终忽略儿时想靠艺术谋生的梦想。

25 年之后，她觉得是时候为自己做些事了。她在 40 岁的时候回到学校，获得了雕塑专业的学士学位和纤维艺术专业的硕士学位。她原计划找一份终身教职，但僧多粥少，她尝试了每一个能够发现的机会，但始终杳无音信。

萨姆作为单亲妈妈抚养儿子长大，儿子 5 岁的时候她开始缝纫和编织。起初只是为了让儿子有毛衣穿，但这很快成了她的爱好。她读完艺术硕士的时候，发现一个大问题：很多绗缝图案设计粗劣。一天，萨姆对一个朋友叹息道："我不明白为什么没有人解决这个问题。"朋友回道："你为什么不自己做呢？"于是，她去做了。萨姆设计出第一幅图案，并与朋友们分享。在得到他们的肯定之后，她决定与更多人分享。

当我问她在纤维艺术领域，人们如何将他们的图案分享给其他艺术家时，她的回答让我很喜欢。"大家都说你必须埋头苦干，直到有经销商注意到你，"她告诉我，"但那都是胡说八道。我第一个经销商是这么找到的：我给他们打电话说'嘿，我有些东西你会喜欢'。其他经销商也是如此。这需要勇气。"

在通过电话推销拿下第一个经销商之后，她继续推销，设计出更多的图案并让更多人看到。她创建了一个网站，上面有博客和网店。她开始在手工艺品商店和展览上讲课，还和出版社协商出书。在这个过程中，她始终在做两件事。第一，寻找行业内的其他成功人士，大量征求他们的意见；① 第二，一幅接一幅地继续创作，并进一步想出有创意的办法，将图案送到其他缝纫

① 如果你要去与重要人士会面，无论对方身处哪个领域，都要仔细准备一些问题。大部分人都会很愿意帮忙，但你不能浪费他们的时间。

者手中，看看哪些受欢迎。

在她源源不断地设计出更多图案时，萨姆偶然有了一个重大发现。她乐于帮助初学者，正如她因为不满意绗缝模版而创作出自己第一个图案那样，她注意到大部分为初学者设计的图案都很简单、无趣。某种程度上，这没错，当你开始学一门新手艺，你也许不能马上尝试太有难度的设计，所以其他设计师将图案设计得很简单。但她与新手交流得越多，就有越多的人表达对简单图案的不满。

就这样，萨姆找到了她下一步的事业方向。她开始设计并销售那些看起来复杂但操作起来其实很简单的图案，初学者可以很快投入能让他们有成就感的项目中。这是一个巨大的成功。在最初 3 年，她卖出了 15 000 多幅图案，之后每年销量翻番。这对她来说是自然而然的事，因为她了解目标市场。“我自己就是设计图案的销售对象，”她告诉我，“所以我清楚地知道他们需要什么。”

我与萨姆交谈的时候，发现她和那些热爱自己的工作并能出色完成的人有一个共同的观点。当谈到如何帮助其他艺术家不低估自己的作品时，她面露喜色，因为这是她热衷的事业。她告诉我，她得到的最棒的反馈就是，这些艺术家说从心底接受她的推销建议。这几乎成了她的使命：她对自己的工作有信念，并致力于帮助她的同行前进。

积极倾听

在前 3 章，你发现了很多自己的技能，有些在意料之内，有些可能出乎意料。“每个人各有所长”是一个值得记住的原则，而“所长”之处经常会让人感到吃惊。但即便你知道自己的技能是什么，一项技能的价值也只和人们支付给你的报酬相当。你如何发现自己哪项技能最有价值和市场呢？在本章，你将学会一种能够用来找到答案的创新过程。

这个方法的核心原则是：**当你不确定你想要的是什么时，当你不知道从哪里可以找到能带给你快乐、心流和高收入的工作时，每天与你交谈的人可以帮你找到它。**

答案可能来自你的收件箱，这个收件箱指的是你反复收到的咨询相同问题的实际邮件，或是你的社交媒体上的反馈，抑或是你和朋友们的谈话。换句话说，你社交圈中的人实际上可能比你自己更了解你最有市场的技能是什么。

请注意他们向你咨询的问题、让你帮的忙，甚至是他们因为觉得你会感兴趣而发给你的书籍或文章。当某个人说“嘿，你能帮我个忙吗”，而你已经知道他要让你帮什么忙时，你就有答案了。想一想，如果你不会升级手机，那会找谁帮忙；如果你一直去健身房却没有效果，你会向谁寻求健身建议；如果你计划出国旅行需要找酒店，你会向谁征询建议？

现在，从另一个角度考虑一下。人人都请你帮忙升级手机、改进健身方法或推荐旅行时的住处吗？如果你仔细观察，可能就会发现人们会反复向你征询某些类型的建议。无论是书籍和电影推荐、投资建议，还是你对最新上市的小玩意儿的看法，人们从你那里征求的意见是一个重要提示，告诉你你的哪项技能和专长最抢手，从而可能最有市场。

就我个人而言，我的朋友知道我去过至少 20 个国家，每年飞行里程超过 300 000 公里，所以他们经常会问我什么时候订机票。因此，我在专注于写书并帮助人们旅行的过程中找到自己命中注定的工作，也就不足为奇了。

如果你浏览收件箱却一无所获，其他几个方法也可以教你如何运用这种技巧获取灵感。

- 当你在学校或公司被分到一个小组完成一项任务时，你的角色通常是什么？你是天生的发言人、细节关注者、记录员，还是别的角色？
- 你喜欢教别人或告诉别人做什么吗？教学不必在教室中进行，教学可以在任何地方发生，关键在于你喜欢用什么方式和别人分享。
- 如果你为人父母，你的孩子们会让你帮忙做什么？在我小时候，我知道父亲特别擅长写作和阐述想法。如果我写读书报告需要帮助，他就会带我去图书馆或帮我检查糟糕的初稿。毫无疑问，他在美国国家航空与航天局工作时用到了这些技能。后来他开始写小说，也许靠的就是年轻时显露出来的天赋。

过去 7 年里，我一直在做一项小生意，这个想法起初直接来自我的收件箱。我最初记录环游世界的旅程时，经常提到我的航班是“几乎免费的”，因为有航空积分里程、世界环游机票或因多年频繁出行获得的其他机票。很多老读者问我：“这听起来很有趣，我怎样才能得到那些机票呢？”

作为回应，我创作了一份基础的机票购买指南，并以低价出售。它卖得不错，于是我又创作了另一份，然后是其他的。接着我开始和其他作家及一个小的制作团队合作，生意一直不大，我也不想把它做大。这项生意收入不错，并且工作是季节性的。当我要出版一份新指南时，就有很多事情需要去做，但在其他时候，我可以把它丢到一边，专注于别的项目。

随着时间的推移，我发现自己能根据对人们真实想法的紧密关注来判断新指南的市场反响。如果我没弄错，顾客就会排成长队购买。但是当我自认为知道什么是最好的，而不根据读者的需要定制指南时，就会反响平平。这让我保持谦卑，它也是本章一个核心原则，即我们越专注于解决他人的问题，就越会成功。

成为问题解决专家

有一个人通过观察收件箱找到了解决一个普遍问题的独特方法。多年以来，韦斯·韦杰斯（Wes Wages）被称为“摄像的人”。他和身为专业摄影师的妻子特拉一起拍摄婚礼，生意做得不错，但他还想做些不一样的事情。他声名远播，很快便开始涉足音乐会、电影预告片以及各种宣传片。他很抢手，通常需要提前几个月预订，但仍然有个大问题：只有拿着摄像机或坐在剪辑室里，他才有收入。韦斯和特拉在一起生活和工作了 8 年，养育了 2 个孩子。婚礼都在周末，而音乐会和其他需要出差的活儿也都让韦斯顾不上家庭。

与此同时，他注意到每次他拍摄一场活动时，总会有人问他："我怎样才能学会你做的事呢？"韦斯不停地从工作中接触到的人口中听到这个问题，有博主、音乐家还有客户自己。如今，大部分人都有电脑或手机，它们自带摄像头，但正如大家从网上看到的那样，产品的质量参差不齐。

韦斯认为，尽管很难达到内行的水准，但只要稍微努力一点，任何人都可以显著提高他们的拍照和摄像技术。因此他创建了一门在线视频课程，解答他一直听到的最迫切的问题：

- 我需要花多少钱?
- 我真正需要购买的是什么设备，有哪些可以选择?
- 我怎样做可以让视频看起来好一些?
- 我需要花多长时间学习?
- 目前我的下一步需要做什么?

韦斯不打算教其他专业人士，因为在这个市场，教程比比皆是。相反，他打算帮助那些向他请教的新手以及那些用笔记本电脑制作在线视频的人解决问题。他解答这些问题已经很多年了，但现在他不仅解答问题，而且能从中获得新的收入。如果他没有专注于解决他人的现实问题，就可能永远想不到这个主意。

那么，发现你能解决的实际问题的最好方法是什么？这里有一些小建议。

1. 解决日常生活中的问题

帮人们解决普遍的日常问题准没错，比如减肥、增肌、省钱、悦纳自己等问题。帮人们节约手机话费就是一个旨在解决日常问题的好主意。我们很多人每月付很高的费用，却不太清楚为什么这么贵，是否有其他更好的选择。如果有人能帮我们解决问题，且不需要我们更换运营商或花费很多时间，那可真是求之不得。

2. 解决具体、可衡量的问题

我有一个朋友曾用6个月的时间收集了大量资料，用来激励那些不善营销的企业老板。当我看到资料清单时，吓了一跳："太多了！"这确实是个问题：资料太多了，这可能就是为什么听众的最初反响并不好的原因。人们不仅没有备受鼓舞，反而觉得不知所措。

我的朋友修改了课程，专注于一个更具体的问题：帮助企业老板改善现金流。这下好多了！在使用了针对具体问题的修正课程后，她更加成功了。

3. 经常自问"为什么人们应该在乎这个"

这个问题不容忽视。毕竟，你在生活和事业上的成功都取决于它。所以，如果你还没有一个好答案，就花时间考虑一下。这也是为什么你即将读到的项目如此成功的原因，因为它迫使你在每次互动中都要考虑这个问题。

与百人交谈助你开店

谢妮·霍华德（Shenee Howard）是一位能干的品牌战略专家，她为自己的工作感到骄傲。但在2011年，她破产了，生意无人问津。她不确定自己做错了什么，决定和人们谈谈。起初她采用常见做法，向那些她视作导师的人寻求建议。

后来她有了一个更好的主意。谢妮不再向专家们征求意见，而是决定与100个普通人交谈。她去了解他们的问题，希望能用自己的技能帮他们找到解决方案。她通过社交媒体和邮件，免费为不善品牌推广的人提供15分钟电话咨询。

免费咨询不只是为了后期的付费服务，她是真的想知道人们有哪些问题，以便能够有的放矢。她连着几个月每天打两个以上的15分钟咨询电话，积攒了很多经验，越来越善于在短时间内给出有效的建议。

有些电话真的带来了生意，因为那些免费咨询的客户很认可她的建议，想同她深入探讨一系列问题。但即便有些电话没能谈成生意，也加强了她与客户之间的联系。这些人成了她的活广告，他们甚至给她写感谢信，还在他们的博客中提到她的项目。后来当谢妮开发付费产品时，他们成了她最忠实的客户。

在开始她所说的百人项目之后，谢妮用了不到4个月时间，就从破产与无人问津发展到第一门课程这一新产品的发布。新产品卖了个好价钱，她在讲述这个故事时说道："这都是过去的事了。"这里用了"过去的事"，这说明她现在有了丰厚、稳定的收入，并且按照自己的意愿工作。

谢妮的成功故事令人振奋，但更重要的一点是，你可以利用百人项目的智慧帮你更接近自己命中注定的工作。但是，**做这种试验不是为了招揽生意，而是为了弄清楚你的哪项技能和天赋最有价值，甚至可以测试出你要提供的产品或服务会有多大需求。**

即便你认为自己认识的人没有100个，但一旦你将Facebook好友和任何久未联系的人算进去，我就敢打赌，你肯定至少认识 100 个人。而且，你认识的人还认识其他人，他们也能够帮到你。

下面会教你如何创建自己的百人项目。

1. 列出你能帮忙解决的 5 个问题

用头脑风暴的方式做这件事，自己不要编辑或检查。你要问自己："人们都找我帮哪些忙？哪些事情我很在行，但别人做起来却很费劲？"

我在环球旅行时遇到过形形色色的人，我一直惊讶于那些为帮助别人而产生的各种商业理念和新职业。有个女人开了一个博客专门介绍怎么煮糙米饭，年收入超过 100 000 美元；有人做职业遛狗师，年收入达 80 000 美元……考虑问题及解决方案对于寻找你热爱的工作并从中获得报酬至关重要。

2. 敲定你的 15 分钟百人谈话项目名称

如果你想说服 100 个人同你电话交流并讨论他们面临的挑战和问题，给调查项目起一个新颖有趣的名字就会很有帮助。虽然你的项目在本质上是辅导电话或咨询服务，但别这么叫它。将它定得有趣一点！我从谢妮那儿听过几个有趣的名字，例如"爱的介入"、"启动仪式"和"轻松小会"。不过，不要受限于这些例子。如果你喜欢商业化一点的，也可以。但如果你还在纠结谈话的具体内容，就不要把所有时间都花在取一个完美的名字上。永远做最真实的自己。

3. 为你的谈话创建一个简短的描述及目标

谢妮的项目是为 100 人提供 15 分钟的品牌策划，她因为有清晰的目标和既定的结果而大获成功，目标和结果通常越具体越好。谢妮的一个同事擅长技术，他发现很多新的企业家因为线上服务的各种选项而困扰。他把这个15 分钟谈话称为“技术介入会话”，承诺帮助人们在短时间内更好地理解设备和软件。

找到你想检验的技能或服务，并为你的“免费体验”活动设计相应的目标和结果。

4. 创建一个方便快捷的注册流程，然后邀请人们注册

除了姓名、邮箱地址和电话号码这些最重要的事情，提前收集一点人们的其他信息也会很有帮助。比如：他们最大的问题是什么，最想要的东西是什么。

从你信任的人开始，邀请他们参与。一旦你有了一张名单，就着手规划会面或打电话。你很可能会借这种方式被引荐给别人，但如果没有，就把信息放到网上或请别人帮忙分享，从而让更多人看到。你免费提供的必须是一项很有价值的服务。如果你能帮别人解燃眉之急或至少为他们指明正确的方向，他们就会为此埋单。

5. 打电话

用手机、Skype（一种即时通信软件）或任何你喜欢的方式在约定时间与人联系。你的态度要友好，并且不要偏离话题。也许你会忍不住超过 15 分钟，如果进展顺利，那么做是可以的，但要确保对方没意见。

6. 通话之后一定要跟进

每次通话结束，务必发送一条跟进信息。如果对方允许，你就可以用免

费软件将电话录音，然后把链接给他。另一种做法是简要回顾你们的谈话并附上你建议的行动事项。通常情况下，你只需要表示感谢。这些人可能会成为你的活广告，所以保持联系很重要。

具体方法差不多就是这 6 步，为获得最佳效果，请重复 100 次。

如何变现

百人项目并不是学术活动，有很多不同的办法可以将它变现，只是时间早晚的问题。谢妮通过为那些感兴趣的客户提供更深入的服务而迅速将其变现。在多次谈话之后，她更加清楚潜在客户需要什么，并利用这些数据开发出一门叫作“热卖品牌行动”的课程。

不过，比直接收益更有价值的是百人项目会帮你发现自己能提供的产品和服务。这个项目的重要目标是搞清楚你擅长且他人愿意付费的事情。这一点极为重要！正如谢妮所说：

> 当你做得越来越多时，就会越来越快，并将开始意识到你最乐于帮人解决哪一类问题。例如，我的“沙赞会话”（Shazam Session）[①]一开始和别的商务电话没有区别，但很快我将其变成了帮人答疑解惑的交谈。人们会带着他们被困住的问题来找我，我会帮他们理清思路。

无论你现在做哪种工作，不管你是企业家、独立咨询师还是想挣外快的普通员工，如果你很难发现自己擅长并且他人愿意付费的事情是什么，就可

① 沙赞是美国 DC 漫画旗下的人物，谢妮经常会给谈话取一些有趣的名字。——译者注

以考虑尝试百人项目。万事俱备，只欠行动。[①]

行动的艺术

一旦你找到了人们愿意向你付费购买的技能，接下来你该怎么做？你如何真正将这门技能变成稳定的收入来源？这归根结底取决于行动的艺术。

很多人有很棒的商业理念，或至少他们这么认为，但大部分人什么都不做。就像写书，大约80%的人说过某天他们想写一本书，但只有不到10%的人做到了。如果你想写一本书，那没有那么难，我希望你能坚持自己的梦想！

本章介绍的萨姆、谢妮和韦斯都成功了，不仅因为他们在收件箱中找到了好的想法，还因为他们将想法付诸行动。当你从收件箱或谈话中挖掘出想法时，可以采取哪些行动去跟进呢？

- 以课程、辅导或咨询的形式教别人；
- 开发产品、课程、指南或App；
- 开发一项服务，帮助人们摆脱耗时的工作；
- 将这种方法运用到工作中（参见下文）。

哪怕你对创业不感兴趣，但无论你做什么工作，还是可以用从收件箱中寻找答案的方法，更好地将技能变现，从而在当前工作中取得更大的成就。你无须现学现用，一定要开个汽水摊或从事线上业务，而是可以将方法稍加修改，更灵活地将现有工作做好。

① 想要了解更多关于电访安排及会话内容方面的信息吗？你可以从BornforThisBook.com网站获取免费脚本及一些示例。

例如开会，大部分会议都有既定议程和未列明的事项。人们并不总是能清楚地表达他们的需求，如果你能学会关注未列明的事项及人们未说出口的需求，你就将同他们建立起更密切的关系。如果你能帮助老板和同事工作得更顺心，你就将声名鹊起。如果你能为顾客或客户做一些职责之外的事，你就定会有所收获。无论你是老板还是员工，你的目标都是满足需求和提供解决方案。你越关注与目标相关的活动，就越成功。

当谢妮通过打 100 个电话找到出路时，她的人生改变了。作为品牌策划，她收获了更多自信和更清晰的目标。她增强了身边的人际关系。现在她收入可观，可以花时间做自己喜欢的事。如果没有百人项目，这一切还有可能吗？当然有可能。但是通过深入研究自己的技能、更准确地认识自己可以提供的服务，她在渴求的自主之路上走了捷径。

萨姆·亨特则通过发现一项未被满足的需求而在纤维艺术领域成功创业。绗缝同所有爱好一样，都是初学者多、专业人士少，而现有的初级图案都很单调。于是，萨姆带着勇气和毅力，敲开了经销商和商店的门。从那以后，她开始关注人们想要什么，生意越做越大。她从开始问问题的时候就意识到，答案一直在她面前。

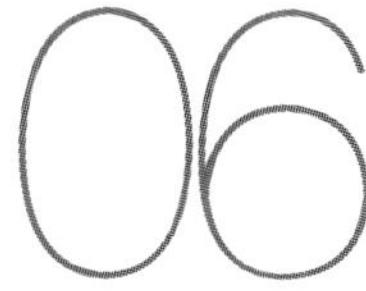

扩大选择范围，然后限制选项

目标

做出正确的选择

要养成谦逊的习惯。要更关注其他人如何做事，而不是告诉他们如何做事。你的工作会说明一切。我还在和冒充者综合征做斗争，但随着时间推移，我已经试着尽可能地用具体方法支持别人。

利昂
47 岁，技术专员

你可能不会面临这样的两难选择：牢狱之灾或源源不断的唱片版税，但会面临关于如何创造未来的选择。从两个或两个以上的可行路径或机遇中做选择的最佳方法是什么？首先，扩大你的选择范围；然后，开始限制选项。

在成为身家过亿的艺人 Jay-Z 之前，肖恩·卡特（Shawn Carter）在布鲁克林区廉租公寓周边贩毒。回顾早年，即便是他本人也对自己的崛起感到难以置信。他告诉导演罗恩·霍华德（Ron Howard）："基于自己的经历，我从未想过自己会有今天。要是我曾梦想'这就是我想要到达的地方'，那我可能差得很远。"

1986 年的布鲁克林街区和今天的中产阶级社区相去甚远。当时，嘻哈音乐（Hip Hop）正在崛起，但那里环境恶劣，沿街都是瘾君子，整个街区犯罪频发。

15 岁的时候，肖恩 · 卡特主要干两件事：一是在厨房写说唱歌词，二是在廉租公寓的楼梯间贩毒。当他展望未来的时候，身边的榜样和成功故事寥寥无几，他能看到的唯一真实的选择是两条截然相反的路。

- **选项 1**：职业毒贩；
- **选项 2**：职业艺人。

这两种职业都要铤而走险，不能确保成功。尽管销售可卡因在法律和道德上存在争议，但更好的短期选择可能就是继续贩毒。这份“工作”不仅有即时回报，即现钱并且免税，地位也更高一些：在 20 世纪 80 年代的布鲁克林，毒贩是社区中最有权势也最恐怖的人群之一。而且，做毒贩要相对容易，年轻的肖恩 · 卡特熟知如何贩毒。毒品的市场需求不可限量，而他还有很多老客户。种种情形决定，最有可能的选择就是继续贩毒。

众所周知，他没有这么选。

肖恩 · 卡特没有成为一名著名的毒贩，这是好事，因为大部分著名的毒贩都死了。投身音乐界，尽管不一定能红，但失败的后果要小得多，如果你失败，就得去找新工作。但如果你贩毒失败，结果就是要么坐牢，要么死掉。如果肖恩 · 卡特不顾死亡风险选了犯罪而不是音乐，那么很可能就没人会知道 Jay-Z 这个名字了。他不会身家过亿，可能也不会赢得碧昂斯（Beyonce）的芳心，并且很可能不是死了就是被监禁。

多年以后，Jay-Z 这样描述他的成功：“音乐带给我的成就不可思议。其中当然有运气的成分，但每个人都有与生俱来的天赋。老天不会特别眷顾谁，你必须找到自己擅长的事情并努力钻研。”

追求音乐事业不仅是对更好的道德和生活方式的选择，而且是正确的职业选择：选择做他喜欢（快乐）、能获得很好报酬（金钱）以及擅长的事（心流）。

你可能不会面临成为毒贩或超级巨星这样的两难选择，但你可以用类似的分析方法做出自己的职业选择。

选择清单

当你面临艰难的职业选择时，有个方法万无一失，尤其是在事业初期乃至以后你打算重新开始的时候：你可以先扩大选择范围，然后限制选项。

Jay-Z 面临两种高风险、高收益职业的极端选择，但他可能也能做很多其他事情，只是它们不是他的最佳选择。他可以上社区大学，然后找一份稳定的工作，也可以加入和平队（Peace Corps），等等。

你的选择可能也会超出你的想象，你可以通过列出尽可能多的可能性，来识别这些选项。而且，它们目前不必是切实可行的。你的清单也许包含如下选择：

- 继续做现在的事；
- 与雇主协商改变职位、职责或日程安排；
- 在相同领域找一份新工作；
- 在完全不同的领域找一份新工作；
- 回到学校或参加培训去学一项新技能；
- 开始做副业（请见第 7 章）；
- 和朋友一起经商；
- 和莱昂纳多·迪卡普里奥一起乘游艇巡游地中海（并非人人都可行）。

当你所处的人生阶段不同时，清单可能会包含更多选项，有些或许很有吸引力。但选项太多，做选择也就更加困难。因此，如果你能运用快乐 - 金钱 -

心流模型排除一些选项，就会受益匪浅。请记住：

- **快乐**：你喜欢做的事；
- **金钱**：用来付账单；
- **心流**：你真正擅长的事。

你的第一步是排除那些不能带给你快乐的想法。这通常应该是首要的决策标准，因为生命很短暂，你当然不想做自己不喜欢的事。接下来，你应该排除那些没有创收潜力的想法。这并不意味着你不能把它们作为爱好，但本书讲的不是爱好，而是做出能够带来快乐和收入的职业改变。最后，你应该排除那些你不是特别擅长或你使用的技能并不独特的想法。

成功的路不止一条，但找到你的理想职业不在于你能做什么，而在于你应该做什么。我们的目标不仅是找到可行的路，而且是找到最适合的路。

成为职场教练的演员

劳拉·西姆斯（Laura Simms）上大学的时候相当喜欢自己的课程，但是不知道选什么专业。导师给了她一些尽管不是很有用但善意的劝告："选你能拿高分的专业。"

她毕业于历史专业，这个专业她很擅长，但早在毕业前，她就知道自己不想去博物馆工作。历史是死气沉沉的，而戏剧则活力四射。她去了一趟英国，在那里认识了莎士比亚剧演员并一见如故，此后她更加向往舞台。回国以后，她参加了很多剧团的试镜，这些剧团在夏季会有演出。试镜要在离家好几个小时车程的地方进行，结果名单公布之后，劳拉失望地发现自己一个角色都没拿到。

离开之前，她心血来潮又检查了一遍公告栏，这一次她发现自己的名字赫然在列。40 次试镜只得到 1 个角色，但她心满意足。她拿到角色，参加了整个区域的巡回演出。

在地区剧院工作多年之后，劳拉想进一步提升自己的技能。她申请了加利福尼亚大学克莱尔·特雷弗艺术学院（Claire Trevor School of Arts）并被录取，录取她的是为期 3 年的艺术硕士项目，该项目的训练严苛，毕业生成绩斐然。毕业以后，她当了很多年的职业演员，有时专职，有时兼职，此外还做各种其他工作。

她参加电视节目，出现在一些知名节目上。终于，她开始走红。然而，娱乐圈的一些事让她不胜其烦。她对我说："表演不只关于演技，而且关于你认识谁、和谁共进午餐以及所有跟戏份有关的事。"换句话说，这份工作很好，但她反感的是圈内文化和工作环境，尤其是需要不停地围着关键人物转。

这时，她的母校加利福尼亚大学请她返校授课一个学期，这个消息令人兴奋，也是一个明显的转折。返校教书需要一个小时的车程，并且此时恰逢至关重要的"试播季"，导演会在这个时候指定主角和配角。如果接受学校邀请，她就必须跟经纪人打招呼，她至少数月不能参加试镜了。摆在劳拉眼前的路很清楚：要么冒险尝试新机会，放弃已经倾注了很多心血的事业；要么维持现状，继续做不能带给她快乐的事。

有时，你做了很久的事并非你接下来需要做的事。正确的选择一目了然，但完全接受它需要一定的时间，甚至在接受教学邀请后，劳拉还在背叛和内疚感中苦苦挣扎。她说："我已经从事了这么久的表演，为事业牺牲了一切，我错过了新生儿的出世、亲人的婚礼和葬礼。"

她开始教课，但学期结束的时候她发现自己仍然处于人生的十字路口。她已经离开娱乐圈很长时间，她知道自己不想再回去。但唯一的问题是她不知道自己想做什么，她找到喜欢做的事之前经历了一段她所谓的“荒芜时期”。她说，整整两年时间，她都不知道自己接下来该做什么。

在这两年中，她通过尝试很多事情来扩大她的选择范围，结果并不理想。在众多错误的开始之中，她一度认为自己可以成为一名网页设计师。她买了很多书，用心学习，但很快发现这不适合她。她的下一次尝试是“创意教练”，也不尽如人意。做这些尝试的时候，劳拉并非只是干坐着尝试不同的理念，她还做全职或兼职工作来养活自己。

渐渐地，她找到了自己擅长的事情。帮助人们发挥创造力不是她的专长，但是帮助人们做职业规划对她来说轻而易举。实际上，这也是人们想要的，并且当她意识到这份工作对她来说有多自在时，越来越多的人开始寻求职业辅导，她的选项缩小了。劳拉接受了培训，开始创建一个网站，这带来了更多的客户。她还拍摄了视频特辑并改进了她的网站。

一次，当她在辅导课后做三明治时，她的丈夫走进厨房说：“我总能分辨出你何时结束了辅导，因为这时你笑得最灿烂。”

事实的确如此：职场辅导不只是劳拉擅长的事情，它带给劳拉的感觉不同于以往任何一份工作。这份工作报酬丰厚，尤其在她升级网站并开始提供团体课程之后。劳拉和丈夫最近有了他们的第一个孩子，现在的工作条件很完美。她可以根据自己的意愿工作，但工作不会太多，几乎都按照她的既定计划进行。她和客户在一起的时间只关乎工作本身，不再需要讨好导演或业内人士。这就是她一直在寻找的工作。

像看门人一样思考

我用 Jay-Z 的故事展示了对不同职业路径的极端选择。不过，请不要尝试生搬硬套他的成功之路。典型的商业书籍或问答专栏都会用一位知名公司创始人、名人或其他成功人士的档案作为榜样，作者会探讨这个人的日常工作及要务，然后给出你应该做什么的建议。这些故事告诉我们，只要我们做了 X、Y 和 Z,我们也能和沃伦 · 巴菲特、比尔 · 盖茨或其他杰出人物一样成功。但是，这条建议的问题在于，对沃伦或比尔有用的方法不一定适用于我们。我们不是沃伦或比尔，也不是史蒂夫 · 乔布斯、格威妮丝 · 帕尔特罗（Gwyneth Paltrow）或其他家喻户晓的名人。我们没有亿万身家可用于投资，也没有成千上万的下属随时待命。

也许这条建议的本意不是让你去做沃伦 · 巴菲特做的事，因为只有一个沃伦 · 巴菲特。相反，此时你应该学着去做对你有用的事情。

这都是那句老话“像个 CEO 一样思考”的错。这句话的意思是说，你是自己人生的 CEO，所以你应该像个真正的 CEO 一样思考。但问题在于你不只是自己人生的 CEO，而且是 CFO（财务总监）、COO（运营总监）、法律顾问、董事长和看门人。所以当你打算“像个 CEO 一样思考”时，也许更需要像看门人或收发室人员一样思考。

看门人不会坐在山顶发号施令，他需要执行自己的任务。同理，你的人生并非有几千雇员的公司，接受你的选择、执行你的决策的人只有你自己。并且，人生不同于公司，你的目标和价值观不是一成不变的。有时你需要像个 CEO 一样思考，但其他时候你应该像个看门人一样思考。看门人在整栋楼工作，熟悉每个人，并时刻紧盯业务动向。

沃伦·巴菲特的“5 个人生目标”法

在投资方面，你不应该模仿沃伦·巴菲特，除非你碰巧有闲置的 700 亿美元。但是在设定目标方面，“股神”有些有趣的建议，可能适合所有人。

据说，巴菲特曾让一位艰苦奋斗的朋友用如下方式写下自己的目标清单。

1. 首先，列出你一生中想做的 25 件事。
2. 然后，从列表中圈出最想做的 5 件事。要慎重选择！
3. 放弃其余的 20 件事，只做和那 5 件事相关的工作。

这个方法的原理在于，你不可能同时做 25 件重要的事情。你可能会认为其余 20 件事依然重要，只是没有那 5 件重要。但是不要这样想，巴菲特的建议是尽快放弃未被圈中的事情。如果只选择 5 个人生目标，你就将集中更多精力去实现它们。

Born for This

先增加你的篮子，然后限制它们

你可能听过这句经典建议：“不要把你所有的鸡蛋都放在一个篮子里。”在创造自主的生活时，你如何决定追求哪些鸡蛋，并且如何得知那些鸡蛋应该放到哪个假定的篮子里呢？如果不做大量实验，几乎没有人知道答案。

关于这个问题，有两大对立的理论。一种理论认为应该“只做一件事”，主张全身心投入你的职业道路、项目或业务。根据这种理论，兼职项目及混合型工作都会令你分心。当你试图将很多不同的工作混在一起做时，你就会注意力分散并一事无成。

另一种对立理论赞成“齐头并进”，鼓励人们同时进行多个项目和业务。这种理论认为，大部分人不想一直做同一件事。而且，这种理论还声称将时间分散到不同的赢利项目上才更安全。

把所有鸡蛋都放在一个篮子里是否明智还有待商榷，因为哪一方都说得通，但它不只是一个理论或抽象的争论。你如何做决定确实会影响你的人生。如果你不知道如何从对立的项目和意见中做选择，就注定会动摇，而一直摇摆不定对你绝对没好处。

不过，有个方法可以帮你找到正确选项，你只需从以下角度来考虑问题。

1. **聚焦。**你是那种倾向于一次只努力关注一件事的人吗？经典的“只做一件事”的观点认为，当你将全部注意力放到一个大项目或目标上时，才能真正搞定它。你认为自己如果要变得卓越，就需要放弃其他爱好，全身心投入一件事情吗？
2. **多元化。**你倾向于从一个项目跳到另一个项目吗？你是否因为一心多用或事情只做一半而声名狼藉？经典的“齐头并进”理论认为，如果你的收入来自不同方面，就将有更多的安全保障。反方则认为如果你试图同时做很多事，就会分身乏术，最终一事无成；根据这种观点，通过聚焦于一个“鸡蛋”或一项核心业务，你将得到更好的结果。

但是，如果你还不知道这些问题的答案，如果聚焦和多元化听起来都不错，你该怎么选择呢？简而言之，除非你会占卜，否则一开始你根本不知道哪个理论行得通。如果你只有思想和理论，你的银行账户也不会有所改变。

那么，还有其他解决办法吗？是的，有。

答案是从很多不同的篮子开始，尝试很多东西。久而久之，你会发现有些事情需要花费更多的时间和精力，那时你就要开始更关注这件事了。换言之，你先扩大你的选择范围，然后限制选项。

在找到真正有效的方案之前，你可能会尝试很多不同的想法和项目，或至少是某个想法或项目的不同阶段。你可能暂时不知道想做的事是什么，但在某个时候，你可能就找到了，或至少你会发现某些真正有前途的事情。就在那时，你纵身一跃，全身心投入，把所有鸡蛋都放到一个篮子里。

我的最后一条建议被很多人提过，包括马克·吐温和安德鲁·卡内基（Andrew Carnegie），那就是："把你所有的鸡蛋放在一个篮子里，然后小心看好那个篮子。"

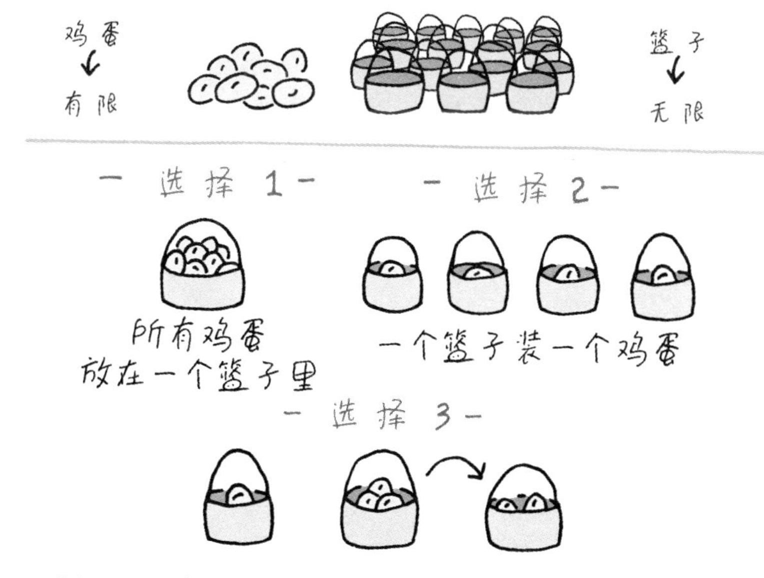

创建一份来自未来的简历

如果你无法找到快乐、金钱和心流的独特组合，就花几分钟想想你希望几年后你的简历看起来是什么样。我们将这称为“来自未来的简历”。

比如，假设你刚跨出校园，在一家能源公司做初级分析员。这份工作很有趣，但是属于入门级，所以你想尽快往上爬。你未来的简历可能看起来像下面这样。

你的名字

摘要：昔日的初级分析员努力工作，为第一项任务的重大进展做出贡献；现在争取更重要的岗位，例如负责人或类似角色。

教育背景：博士学位，斯坦福大学（名誉学位），牛津大学（在线学习），其他。

工作经验：改变世界的经历，将来的计划。

技能：精通喷气背包与失重飞行的操作，通晓5门语言，会单边飞跃高层建筑。

薪资要求：\$\$\$\$\$\$\$（cha-ching①）。

对工作时间的要求：弹性的。

理想的工作环境：能够在独立工作和与人合作之间达成适当的平衡，并有适量的挑战。

也许你将来不会把喷气背包或失重飞行列在未来的简历上，也许到那

① 收银机打开钱盒准备收钱的声音。

时你只会说4门语言。不过，一旦你列出一些想法，你的下一步就是选择能让你的梦想最可能成真的选项。例如，如果你未来的简历包括一个高等学历或任何其他培训，那么看看你现在能做什么从而开始这一进程。或者如果你的理想工作环境包括一个更高的职位，那么就不要等到你被提供这个职位时才去应对。

现在做决定时，最好能放眼未来。当你憧憬想象中的未来时，就可以利用当下采取行动，让梦想成真。

Born for This

Jay-Z 一旦找到真正想做的事业，便全力以赴。他没有按照人们对他的期望去做，而是想办法给自己一种选择。劳拉·西姆斯找到一种能充分利用自己技能的生活方式。这个过程并非一帆风顺，当最开始的想法行不通时，她毫不犹豫地做了另一份工作来维持生活。她不断尝试，并最终找到一种特定类型的职业辅导。当她帮助客户提升自我的时候，也收获了快乐。为了找到理想的解决方案，她先增加自己的选择，当这个方案证明的确有效时，她再限制选项。

你的选择并不限于你接受的培训或迄今为止所做之事，可能有更好的事情在等着你去试验和探索。

How to Find
the
Work You Were
Meant to Do

第二步

行动清单

BORN FOR THIS

本书第二部分都是关于各种工作的具体策略。以下是即将介绍的选项的概要。

开创副业：一般来说，每个人都应该从事某种副业。第 7 章会教你通过经营一项小生意赚更多的钱，即使你从未想过自己创业。

建立属于你的有限公司：有些人希望全身心投入自己的事业。第 8 章将帮助你将小项目一举发展成为大型或至少中型帝国。

做你想做的工作：别再考虑更新简历；大部分理想工作都是通过非传统的方法被发现或创造的。第 9 章会教你“打破常规”并找到最佳雇主。

自我雇用：通过成为公司的无价之宝来玩转工作，然后凭借你的地位确保工作能持续满足你的所有需求。

做个 DIY 明星：如今的音乐家、艺术家和作家都知道谁在为他们掏腰包，埋单的不再是过去的唱片公司或赞助商。第 11 章探讨了通过与粉丝直接互动来谋生的世界新秩序。

开启斜杠人生：有些人通过专注而成功，但其他人倾向于混合，同时追求多个目标。无论选择什么，你将学会围绕自己的兴趣打造生活。

学会放弃：真正的赢家会毫不犹豫地从失败的项目中抽身。第 13 章将让你学会何时该放弃以及何时该坚持，从而掌握前进的艺术。

顺便提一句，我希望到目前为止你喜欢这本书。如果你想讨论一下某些读过的内容，请发邮件至 hello@chrisguillebeau.com。

开创副业

目标

在主要收入之外赚点外快

我惊讶地发现，有额外收入进入银行账户的感觉很棒。我白天上班，但只要时间允许，我就期待开展副业，它给了我自信和希望。

哈桑
42 岁，全职建筑师及兼职企业家

在继续之前，让我们先认识一种在常规工作之外的收入来源。无论你是否想创业，都应该有一些独立的收入，而且最好是持续的。这里有一些具体可行的方案可以实现这一目的，并且马上就能收到成效。

对埃莉来说，这是一个漫长的无眠之夜。她整晚都辗转反侧，难以入眠。其实，并非完全是这样。她晚上 10 点就上了床，并且睡得还好，只是这一夜确实有些让她挂心的事。早晨醒来，她在手机上检查账户余额。一夜之间，170 美元已经到账。她想，还不错。

6 个月前，埃莉做起了服装生意，卖自己制作的风格古怪的配件。在经历几次失败之后，她发现了一种无须花费大量时间就能做生意的好方法。她每天花一小时左右的时间回复客户邮件，每周去一次邮局发货，并在周末抽空做营销。剩余时间里，她除了照顾刚上幼儿园的女儿，还做另一份兼职。

戴维是一位兢兢业业的工业工程师，为一家大公司制造半导体。上班期间，他借助格子间的隐蔽性，时不时偷瞄一眼自己网站的数据。几个月前，他为梦幻体育游戏（fantasy sports）迷们开启了订阅服务，进展很顺利。这笔额外收入不够他养家糊口，但贴补家用还是绰绰有余的。他最近偿还了部分债务，还去加勒比玩了一次。他感到未来一片光明。

马娅在一家非营利性组织工作，她致力于提高弱势儿童的识字能力，并热衷于改变世界。这份事业唯一的缺点就是钱少。在工作中，马娅觉得情感上得到了回报，但薪水不太可观。她要还车贷，房租也不便宜，还要偿还她在名牌文科大学就读时欠下的昂贵、恼人的学生贷款。

马娅一直以来都很精通科技。她还在中学的时候就创建了自己的个人网站，大学时为她参加的学术俱乐部之一开发了一款 App。她和一个也在非营利性组织工作的朋友一起写了一本电子书，帮助这个组织的义工学习如何更好地使用科技。这本电子书在第一个月为她们创收 500 美元，第二个月是 700 美元。这不是一笔巨款，但对她俩来说，都是额外收入，所以她们很高兴。她们计划每月花一个周末写一本续集，如果可能的话，还可以开发一门在线课程。

这些都是真人真事，他们代表了许多人。很多人都通过在有限的业余时间里构建自己热爱的项目来贴补家用。**这样做的原则是：你不必为了做副业而辞职，除非你自己乐意，否则没必要另起炉灶。**

真正的赢家会找时间做他们在意的事

本章的目标是让你认识一种在常规工作之外的收入来源。无论你是否想创业，每个人都应该有一些独立的收入，并且最好是持续的。我反复听到人们表示，他们在固定工资之外获得其他收入时或多或少会得到满足感，尤其当他们是从自创的项目或经营理念中获取收入时。

我们把这种收入来源称为“副业”，就是说它通常是你在全职工作或学习之外做的事情。你还可以在工作间隙、开始新事业之前的过渡期，甚至你已经在追求其他商业机会的时候开展副业。

你是否认为自己太忙没有时间做别的项目？不管忙不忙，问问你自己：“我已经达到人生中快乐、金钱和心流的完美平衡了吗？”如果你希望得到与当前道路不一样的结果，无论如何都必须安排好时间。**保持忙碌也许是新型社交货币，但真正的赢家会找到时间做他们在意的事。**

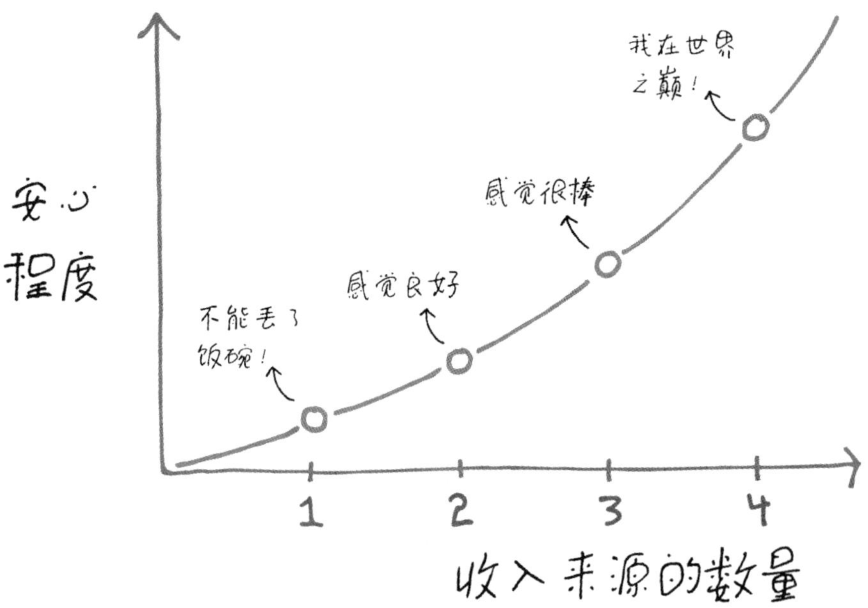

如果你还不相信有额外收入是好事，你可能读错了书，副业能带给你的好处不胜枚举。让我们一起实现这个目标。

4 种副业选择

假设你相信有副业对你来说是好事，你该怎么做？

首先，记住我们之前说的：在你的理想工作中，你希望找到快乐、金钱和心流的完美组合，并且你可以通过满足他人需求、提供真正的解决方案来实现这个目标。这个原则对副业也同样成立。为了做到这一点，本章有 4 种类型的副业可以选择。

1. 卖东西

安伯一直是个手工艺者，过去她常在家乡南卡罗来纳州的默特尔比奇（Myrtle Beach）的集市上卖自己的布艺作品。但她的销量不佳，客户很少。除了旅游旺季，每周都只有老主顾光临。几年前，安伯发现了 Etsy 网站，这是一家手工艺品在线商城。在发布了一些商品并得到良好反馈后，她拓展了业务，很快便发布了 300 多件商品。这个操作并没有听起来那么难，因为对于相似的商品，她可以重复使用大部分介绍内容。现在，安伯每个月只需额外做一点工作，就能多挣到 450 美元。她是一名单亲妈妈，白天当护士，这笔钱对她来说很有用。

那么，你能卖什么呢？看看别人在买什么，并观察一下你的朋友如何花钱。要格外留心，因为努力尝试后，你肯定能找到有销路的产品。

如果你从未卖过东西，不知如何下手，可以通过在拍卖网站上出售物品来积累一些经验，哪怕只是卖家中旧物。这也许不是长久之计，旧物最终会被卖光，但它可以迅速帮你获得自信以及一个整洁的房子。关于这种方法的一些小建议，请参考本书第 113 ~ 114 页的专栏。

2. 提供咨询服务

从我第一次在博客和以前的书中写到“即时咨询顾问”（instant consultant）这个概念起，我已经听到几百个这样的故事：人们先掌握一种特别的技能或知识体系，然后通过将这种技能教给别人来赚钱。

我最喜欢的例子是加里 · 莱夫（Gary Leff），我已经在与别人的谈话中提过很多次。他经常出差，在做全职 CFO 的同时还做了很多赚钱的生意。在多年帮助朋友和同事使用飞行里程预订大量复杂行程后，他开启了一项付费服务，为那些太忙或缺乏相应知识的人预订行程。

另一个很棒的例子是哈里 · 坎贝尔（Harry Campbell），他是一名 27 岁的结构工程师。为了挣外快，他开始在晚上和周末提供优步拼车服务（稍后会有更多关于拼车的信息）。很快，哈里发现他选择的工作时间会对顾客数量产生巨大影响，从而影响他每小时的收入。好奇之下，他上网去看其他司机是否有类似经历，但没有什么发现。于是，他开始记录自己对于最佳驾驶时机的观察结果，先是上传到博客上，然后是播客。哈里的知识共享很快引起了人们的关注。像他一样的拼车司机有成千上万，但因为这个行业太新，所以没有很多独立新闻和建议可以供他们参考。应很多司机的要求，他开始提供付费咨询，帮助他们通过“更聪明地开车，而不是开更久的车”来赚更多的钱。现在，这笔生意就像在高峰时段开车一样，成了他又一个收入来源。

3. 联盟营销

如果你不想提供一项服务或没有自己的东西可卖，你可以代表别人出售东西并从中挣钱。这叫作“联盟营销”（affiliate marketing），是一项潜在赢利空间极大的业务。

玛丽·福莱奥（Marie Forleo）是一名企业家，她把联盟营销变成了一门艺术。每年她都会重新推出受人追捧的在线课程“商学院”，这门课程提供为期 8 周的密集学习，旨在帮助女性和一些男性掌握线上业务的基础知识。成千上万的人学习了这门课程，一旦到了春天“商学院季”开始的时候，报名的人络绎不绝。

不论你用何种方式报名，“商学院”都很棒。但它之所以能发展得如此迅速，很大程度上是因为玛丽与一小群课程学员的合作极其成功，学员会推荐他们的社交好友参加课程以换取佣金。因为他们对这门课程深信不疑，很多学员会在推广计划中投入大量的创造力和精力，一些人能从中赚取很多佣金。但这项工作需要时间和精力，你不能只是在自己的网站上提供链接，便期待魔法发生。你要为此努力！

作为联盟会员去挣钱的关键在于，至少能利用两大营销力量之一：要么是有某种技术优势，例如更好的搜索引擎结果；要么是成为人们购买商品时的“权威”推荐。

我的一项生意是在 cardsfortravel.com 网站上开展的，通过推荐感兴趣的读者使用最好的旅行信用卡来赚取佣金。这是一项双赢的生意，因为申请开卡的人可以得到很大的开户优惠，这种优惠能够用来环游世界。

联盟营销可以成为一项很棒的副业，这取决于你的兴趣和现有社区的规模。不过，要注意的是：我的收件箱里充满了最新、最好的多级营销项目，但这些基本都一文不值。也许会有例外，但大部分项目都是让开创者比跟风者获得更多好处。除非你找到确切证据证明这个项目对你切实可行，否则就避开这些项目，做些别的事情。

4. 作为服务提供者加入共享经济

潮流和特定的服务可能来了又去，但“共享经济”却已成为常态，它是可以让普通人将自己闲置不用的东西租赁出去的平台和服务。独立承包人的浪潮为这种生活方式提供了劳动力、车辆、工具及住宅，你也能参与其中。大多数机会都被有意设计成兼职，很多都能根据你的选择灵活安排。

接下来的几个例子可能会引发你的思考。

拼车。有一次，贾米在开车上班途中来接我。我们素未谋面，但我用手机上的优步软件请求搭车，于是几分钟后，他到了。他有一份全职工作，所以这个开车的活儿只是兼职。他还有一个聪明的做法：每天早上，他提前一小时离家去机场接送抵港旅客，这样的收费比平常高一些，并且把乘客送到之后，他还有时间再跑 1 ~ 2 趟活儿。下班回家路上，他再花一小时做同样的事。每周，他能从这份副业中挣到 260 美元的外快。

服务联网。当我在一个叫作“跑腿兔”（TaskRabbit）的门户网站和雷切尔约好之后，她来到我家。那天清晨，我发布了一条消息，说我需要有人帮我归还一些东西给商店。雷切尔接受了这个任务，准时出现并帮我归还了物品。在她完成任务之后，我的信用卡马上扣除了约定好的费用。我很开心，她也是，于是我们在网上互相给对方一个好评。我下次登录的时候，发现雷切尔已经为其他用户完成了 100 多项任务。这似乎很多，所以后来我发邮件问她是怎么做到的。她告诉我，她是一名全职老师，但每学年都有暑假和其他机动时间。在业余时间里，她靠给陌生人跑腿赚钱。她什么都做，从退还不要的商品到排队买演唱会门票。她将从跑腿兔赚来的所有钱存起来用于旅行，她当前的目标是和男朋友一起去冰岛长途旅行。

房屋共享。在租了很多年的小公寓之后，梅利妮和夏丽蒂买了一幢大得多的房子。他们这样做是因为需要更多的空间吗？并非如此，他们其实是想通过爱彼迎网站将多余的一间卧室出租给度假者，爱彼迎是一个非常流行的 P2P（点对点）房屋租赁网站。出租房屋有趣又赚钱，但他们很快注意到另一大需求：很多业主喜欢这个赚外快的主意，但又不想处理物业管理方面的琐事。于是，梅利妮和夏丽蒂开始了一项新副业：为客户打理房屋短租的一切事宜。在这种情况下，副业实际上发展成了全职业务。

当然，在你的所在地，并非所有这些服务和平台都能使用，并且有些还会随着时间改变。这很正常，但上述例子想说明的是，所有人都能在保持他们需要的灵活性的同时，还赚到高于平均水平的收入。这真了不起！

5. 持有数字资产

关于购买和管理租赁房产，有一大堆书籍与研讨会可供参考，那么真正的问题在哪里？首先，你通常需要大量资本，还需要大量时间，并且很多地方都可能出错。如果你不清楚自己要做些什么，这里有 3 个理由让你另找出路。

第二选择就是投资和创造数字资产，它们从一开始就能让你赚钱。表 7-1 将传统房地产与数字资产进行了简单对比。

表 7-1　　不同产业的投入、产出对比

	传统房地产投资	创造数字资产
所需资本	高	低
预期增长	变数大	变数大
维护成本	中度到高度	低度到高度

注：凡事总有例外，房地产投资对很多有充足资本用于投资的人是不错的。但几乎每个人都可以尝试数字资产，并且除非你拿毕生积蓄投资（不要这样做），否则风险通常低得多，成功周期也短得多。

十几岁的时候，我给人送比萨，工资和小费对当时的我来说是一大笔钱，但如果作为一个需要养家糊口的成年人，我就不能靠那份工作生活。这个世界总是需要比萨外送员，但从事像上面列出的那些收入更高的服务可能更明智，也更赚钱。只要有一部智能手机和一个银行账户，每个人都能得到更好的赚钱机会。

睡觉时也能赚钱

让我们回到本章最开始的故事。你真的能在睡觉的时候也赚钱吗？有很多人确实做到了，所以不要错过这种好事。如果你决定尝试一下，以下提示也许会有帮助。

设定你的最低工资。如果你决定进入本章的兔子洞，你很可能会发现机会比比皆是。本章后面有个练习可以帮你决定哪个机会最合适，但设定你的最低工资也是个好办法。这可以帮你决定哪些选择值得花时间，哪些不值得。在生活中，有时你会选择做一些收入差的事情，这也没关系。不过从理论上来说，副业的收入要足够好才值得去做。

根据价值定价。如果你想要创业而不是提供现有的服务，就不要根据你花费的时间来给产品或服务定价，而要根据它能提供的价值定价。除了少数例外，花费的时间不应该成为定价时最重要的因素。最重要的因素应是，顾客或客户的生活如何得到改善。当你定价时，考虑一下这个价值。

信誉是你最具价值的资产。有良好的信誉或评分至关重要，尤其在共享经济的服务中，几乎每个网站都让客户能够就你的服务公开发表评论和反馈。要把工作做到尽善尽美，确保人们能够满意。总有些脾气不好的人会找碴儿抱怨，哪怕他们得到了近乎完美的服务，但你得到的任何负面反馈或评分都应该能被其他正面评论和评分大大抵消。

靠 eBay 谋生的 12 条经验

很久以前在一个遥远的星系，我通过在 eBay 和其他拍卖网站买卖商品开始成为一名企业家。我不是个例，整整一代人通过拍卖网站开始自己创业。埃米·霍伊（Amy Hoy）就是其中之一，她是费城的一名战略分析师，还在做一些别的生意。

埃米像我和其他人一样，找到了一种挣钱的方法：只需从一个地方买入商品，然后在另一个地方卖出。经过多次拍卖，她知道了哪些做法可行，哪些不可行。她制订了如下准则来帮助想做类似事情的人。我也用到其中大部分准则，但她写得更清楚，所以我们就用她的清单吧。

- 从一个非常低的起拍价开始，如 99 美分。高起拍价会导致没什么人竞拍，低起拍价会让更多的人参与进来，营造出一种冒险和有希望的感觉。
- 跳过底价，或者如果你有底价，就告诉人们是多少。没有什么会比出价者看不到并且不知是否有不能越过的神秘底线更阻碍人竞价了。

- 图片越多越好，就算图片没有展示任何“新鲜”东西也没关系。
- 即使是批量生产的商品，也要把你正在出售的那款商品的图片放上去。
- 如果你有很多相同的商品，就要错开出售时间。
- 详细介绍商品：它如何使用，为什么有用，为什么是个不错的选择，甚至为什么它不是最佳选择。
- 让产品介绍有个性和人情味。谈谈你为什么买了这件商品。如果它是一种容易造假的商品，例如摄影器材，就介绍一下你买了多久、为什么要卖了它以及你什么时候会发货。
- 介绍一下买方在生活中可以如何使用并享受那件商品。这盏野口勇风格（Noguchi-style）的纸灯是否会让他们的房间有国际范儿？告诉他们！
- 商品介绍中务必包括规格、生产日期、制造商及其他具体细节。
- 使用买家重视并很可能使用的术语，尤其是搜索词。你根本不知道会有多少人把某些东西称为“艺术品”，而不是“油画”或“风景画”。
- 如果产品有瑕疵，就要明确、详细地说出来，并且说明它是否会影响产品性能。
- 任何时候都要保持诚实。

eBay 与其他技巧和市场一样，在你居住的地方也许没有，或者当你读到这些的时候，它可能不那么重要了。但这些经验仍然适用。

淘金秘笈

在最初的淘金时期，雄心勃勃的勘探者跳上开往加利福尼亚的火车，希望能一夜暴富。很多人失败了，但有些人成功了。属于现代的金矿仍在不断涌现，并且如今它们往往更容易被发现。它们需要的投资更少，风险也更低，你无须变卖一切然后跳上火车。

本尼·许（Benny Hsu）设计T恤并通过Facebook的广告进行营销，因此挣了100 000多美元，下一章将详细介绍他的故事。得益于一种新科技和很多创造性的努力，他从未有过一件T恤的库存，因为另一家公司替他做了，让他可以将精力全部集中在设计上。

在加拿大温哥华，一位颇有创意的企业家创立了翻版乔氏杂货店（Pirate Joe's），经营的商品都从距离一小时车程、边境外的华盛顿州的贝灵汉市（Bellingham）采购。很多温哥华市民是乔氏公司（Trader Joe's）商品的粉丝，它的商品以物美价廉著称，但在加拿大没有分店。创始人迈克·哈拉特（Mike Hallatt）定期让边境南部的杂货店去采购价值数万美元的商品，这并不违法，但乔氏公司太惧怕竞争，所以它试图让翻版乔氏杂货店倒闭。（迈克，趁现在好好享受淘金之旅。）

我曾在线上广告行业掘过金。我在西非做援助志愿者的时候已经开始尝试做副业，我发现一个窍门：在谷歌网站上购买广告，然后将网站流量卖给一家导引性销售网站赚取佣金。因此我一直能挣的比花的多。不过，这样赚的钱也是有限的。我经常是花费300美元，收入350美元，就赚50美元；有时花费1 000美元，收入1 200美元，共赚200美元，但不会比这更高了。不过，能够晚上花一笔钱、早晨醒来收入更大一笔钱还是很棒的。一年后，当其他人发现了这个窍门并涌入市场时，机会就没了。但在此之前，我将赚来的钱攒起来，用于支付昂贵的研究生学费。

机会无处不在，当一扇门关上了，另一扇门会打开。走进那道敞开的门吧！

别出心裁不如按部就班

很多人会在寻找“好点子”的时候被困住。但正如你在第5章看到的，你无须一个大创意去挣大钱，而是需要一个对别人有用的想法。想想那个发明杯托的家伙。诚然，它没有最新的智能手机那么时髦，但如果你开车时带了饮料，杯托肯定会派上用场。

再想想你在本章看到的几个例子：哈里·坎贝尔作为一名拼车司机，给那些试图提高效率的新手司机提供有利的建议；迈克·哈拉特在加拿大成立了翻版乔氏杂货店，进口人们需要的百货。这些再次证明，对别人有用才最有价值。

以下这些特点预示着可能出现的淘金机会。

- 未开发的巨大市场；
- 很多人不知如何使用或参与的新科技或新进展；
- 人们对如何参与新事物感到困惑或不确定；
- 人们求而不得的东西，比如境外的“违法”商品；
- 稀缺或人们担心错过的东西。

你要一直努力满足需求和解决问题。另外，如果你发现了一个可能的淘金机会，就要迅速出击。即使你还不确定会发生什么，也要开始尝试。如果可行，你就可以不断完善；如果不可行，好吧，你还没有投入太多时间，可以很轻松地继续前行。

19天开创副业

当你开始第一份副业时，如何开始是一件棘手的事。这里有一个时间表可以供你参考。你只需连续 19 天每天花一小时,用不了一个月就能顺利起步。

第 1 天：首先，决定要做什么副业。你将用到哪些技能？你的热情在哪些方面？你要解决什么问题？

第 2 天：决定你的可交付成果是什么？你的可交付成果是一个产品、一项服务还是两者的混合？你将如何通过副业挣钱？

第 3 天：考虑一下这项生意的目标顾客或客户。他们是谁，有哪些困扰？如果你有 5 名顾客或客户，他们会有哪些共同点？

第 4 天：制订预算。确定一切费用，并尽量压低成本。

第 5 天：写下你副业的 3 个主要益处。这一点极其重要，因为你能提供的益处远比其他细节或特点重要。

第 6 天：决定你将如何收费。

第 7 天：创建一个简单的单页面网站，无须弄得很复杂或太花哨。（关于如何在一小时内建立一个网站的快速指南，请访问 BornforThisBook.com 网站。）

第 8 天：为网站编写一个简单的销售页面，告诉人们需要如何操作才能购买或注册。再说一次，不需要很复杂，只要想想你将提供什么产品以及它如何帮助别人。

第 9 天：为网站设置“常见问题”区域。想想如果你第一次碰到自己提供的产品会有哪些疑问，会想知道哪些事情。

第 10 天：在单页网站上添加一个购买按钮或其他结算流程。如果你不能从中获取报酬，它充其量就是个爱好，而不是一项生意。

第 11 天：另外，你还可以为客户开具发票。如果你选择这么做，在为客户做一堆工作之前，就要确保他们可以做出付款承诺。

第 12 天：将你的项目草案拿给 3 个人看并征询他们的意见。为了获得最佳效果，不要问你的朋友们，而是问那些与你在第 3 天想到的目标客户背景相符的人。向他们征求未经过滤的意见，确保他们如果有任何不清楚的地方都会告诉你。

第 13 天：启动！发布你的产品或单页网站。恭喜你！但别高兴得太早，因为还有很多事情要做。

第 14 天：告诉你的朋友们。让他们知道你在做什么以及如何帮你宣传。

第 15 天：告诉其他你认识的人，比如朋友的朋友、同事、老同学。不要试图直接向他们销售产品；如果他们知道有人适合你的产品，就请他们帮忙推荐。

第 16 天：在社交媒体上提及你的产品。再说一次，不要只顾着推销，而是告诉人们你的产品是什么。

第 17 天：请你的第一位顾客或客户分享他的真实想法，了解那个人喜欢什么以及你能如何改进。

第 18 天：再次启动！运用你到目前为止学到的东西，做一些具体调整。价格是否需要变动？销售页面是否需要更多信息？据此制订新方案。

第 19 天：正如零售店会将他们收到的第 1 块钱裱起来，找个方式庆祝你副业的开始，你可以将兑现的第一张支票、收到第一位客户的邮件提醒等留作纪念。享受你的成功，坚信最好的还在后头。

你是否每天照做并不重要，重要的是其中的一般流程。当你开展自己的副业时，可以拿来参考并做适当修改。

你的项目能赚多少钱

如果你能准确知道自己的副业能赚多少钱，岂不是很棒？除非你的销量或客户有上限，否则不太可能准确估算收益。不过没关系，因为生意兴隆只会让你喜出望外。

不管怎样，你还是可以做一些预测。当你评估不同的选择和想法时，了解每个选择的潜在收益可以帮助你做决策。在第 4 章，你听到了丹尼尔·维尔切克的故事，这名捷克移民很惊讶地发现，只需少量客户，他就可以过上体面的生活。这个发现很关键，因为他在开始创业之前，总是以为需要大量客户才能成功。

下面介绍的是你如何做预算。

估算收入

项目示例 1：造一个更好的捕鼠器

这是个基于产品的项目，它假设你已经找到方法制造或生产某种有单位固定成本的产品，本例中是捕鼠器。

启动成本：250 美元

销售单价：50 美元

单位费用：10 美元

单位利润：40 美元

1 天卖出 1 个捕鼠器的利润：40 美元

1 天卖出 3 个捕鼠器的利润：120 美元

销售捕鼠器每天最多可挣 300 美元[①]

① 在技术层面上，你每天能够卖出的产品数量没有限制。然而，在很多生意中，经过试验你很容易碰到一个自然的“上限”。如果你不确定上限是多少，就估算得低一些。

最终赢利：如果你一天卖出 1 个捕鼠器，一个月平均可以赚 1 200 美元。每多卖出 1 个捕鼠器，利润可以增加 40 美元。

项目示例 2：简历修改服务

这是一种基于时间的项目，它假设你有稳定的客户群。在这种情况下，没有单位固定成本，但时间投入尤为重要，因为它是有限的资源。

启动成本：100 美元

每次服务售价：200 美元

每次投入时间：90 分钟

1 周售出 1 次简历服务的收入：200 美元

每天提供简历服务上限：1 次

最终赢利：如果你每周售出 1 次简历修改服务，那么每月就要工作 6 个小时，平均可以赚到 800 美元。假设平均每月有 22 个工作日，在这种情况下，你每月最多可以工作 33 小时，挣 4 400 美元。

Born for This

如果你需要更精确的数据，还有很多更详细的分析方法。上述方法的重点在于尽量简化。多数时候，你只需大概知道有哪些可能，以及什么样的投资值得你花时间。而实际上，你通常并不知道哪些项目可行，哪些不可行，这种方法可以告诉你哪些项目值得一试。

这听上去似乎显而易见，但是如果你要从同样感兴趣的想法中做选择时，就要选择有更多收入潜力的想法。就我个人而言，我曾经面临这样一个决定：做一系列品牌海报或开发一门在线课程。这两个项目似乎都很有趣，但我没有时间两个都做。当我做了收入分析之后，答案就很明确了：做海报很有意思但收入潜力有限。在线课程也同样有趣，但能挣更多钱。所以我选了开发在线课程。

24 小时产品与 4½ 个问题

在花几年时间做了一系列软件项目之后，爱达荷州（Idaho）本地人内森·巴里（Nathan Barry）对开发产品有了一定心得，他甚至只用了 60 天就写完并出版了一整本关于这方面内容的书。但是当他决心全职做一个比早期更成功的项目时，他仍时不时会有尝试新事物的冲动。

有个想法在他脑海中酝酿已久，但他不想从全职工作中分心，怎么办？你可能从标题中猜到了答案：内森决定在短短 24 小时内打造一个完整的产品——一个有关“10 天做出更好的设计”的指南。

他公开做了这个试验，每隔一小时左右更新一次视频博客。在最初几个小时，他列出指南大纲，同热心观众讨论名称。到了该睡觉的时候，他已经写完大部分指南。第二天，他在 5 点一刻起床，努力创建一个基础网站。

按照承诺，内森的指南在 24 小时结束的时候问世了。他并没有完成所有事情，但基本快完成了。有 90 多人立即购买了指南，他的总利润刚好超过 1 000 美元。一天半以后，随着更多人关注这个试验，他的赢利已经超过 3 000 美元。这个结果对一个只花了 1 天时间的作品来说还不错。

你可以把它称作个人的“黑客马拉松”，这是技术圈流行的一种活动，参加活动的小组要在限定时间内比赛创业或解决某个特定问题，参赛者通常靠喝咖啡和打乒乓球提神。你也可以用这种方法在短时间内打造一个快速但不完善的产品。你需要的只是 24 个小时，并且为了公平起见，还需要一点事先准备，让你知道自己要干什么。

这个行动计划和前文列出的19天开创副业没有什么不同，只是更快了。而且如果你打算在一天之内完成，你就需要马上决定一些事情。

1. 产品是什么

如果你打算在24小时内做出某些东西，它就极有可能是基于知识的产品。想想哪些你知道的东西可以通过文章、音频、视频或其他形式来教授。

2. 如何销售

尽量简化。如果你没有简单的方法让新产品上市，就在网上发行你的24小时产品。

3. 价格是多少

基于价值定价总没错，但你不应该从速成品上狠捞一笔。此外，对于速成品，你不如尝试把它送到尽可能多的人手中。

哦，还有一件更大的事……

4. 如何让别人参与进来

内森的24小时项目之所以会获得成功是因为他邀请人们参与其中。实际上，他向他们征询建议，并创建了一个共享文档，任何人都可以提出问题，甚至可以就产品最终的名字给出建议。这创造出一种共同经历，这种经历对他人来说很有趣，对他则有激励作用，尤其当他收到像这样的评论："这很有趣，完成以后不管怎样我都会买。”

最后一个问题：你还在等什么？

如何随时小赚一笔

这里有一个有趣的活动：你时不时地留出一块专门的时间，通常是在工作日，专门用于搜寻可以改善或增加当前现金流的事情。我曾把这天称作个人理财日，但后来我有了更好的主意：像这样的任务本质上可以称作“发财日”（Mo’Money Day），用来专门整理工作和财务，目的都是为了赚更多的钱。

以下是一些我在发财日通常会做的事情。当然，你可以做其他事情。

卖掉闲置的物品。最近我发现前阵子买的一双鞋从来没穿过。因时间太久已不能退货，但我可以在本地一家二手服装店以 44 美元的价格卖出。

当然，你可能会说这实际上是一个损失，因为我买的时候花了更多钱。事实的确如此，但关键在于我用不上它。它待在我的衣柜里毫无价值，但是只需 5 分钟它就可以变成 44 美元。

审核账单。我最近这样做的时候发现，手机运营商在我去加拿大旅行期间多收了 100 多美元，同时另一家厂商对我有一笔重复收费。我立马跟进，取消了这些收费。这本来就是我的钱，但如果我不去检查，这些钱就没了。

取消未使用的服务。有什么东西是你一直在付费却没用过的吗？取消它，每个月银行账户上就有一笔意外之财了。

你也许还可以这样做：

- 给有线电视或手机运营商打电话，争取更优惠的服务。
- 检查所有信用卡或投资账户的利率；然后给信用卡公司打电话，试着和他们协商降低利率。
- 重新调整你的投资组合。
- 给奖金开一个新的储蓄账户。
- 设定长期及短期财务目标。

你还有什么要补充的吗?

至此你可能会想，卖杂货和寻找你命中注定的工作有什么关系，开车搭载优步乘客或通过在线服务帮陌生人整理屋子如何给你带来快乐？请记住这一点：**副业只需投入较少的时间或精力就能带来或多或少的满足感**。它们让你可以一边在日常工作中做自己最擅长的事，一边在空闲时间探索其他兴趣爱好。

它们还给你的职业生涯增加了多样性。即使你对现状非常满意，已经找到自己命中注定的工作，但每个人偶尔也会想要更多花样。并且，很多副业会变成更伟大的事情。有时，它们能为你一直想做的职业改变或想开创的事业提供灵感的火花，能够提供资金保障让你可以冒其他风险或追寻一个宏伟的计划。即使不能达成这些目的，可以从你做的事情中赚点外快感觉也不错。最起码，副业是一种可以尝试更大事业的低风险、低投入的方法，同时还能赚点外快。我们没有理由不去尝试，而且有充分理由相信它会有广阔前景。

别再犹豫不决。设定你的最低工资，开始淘金吧！

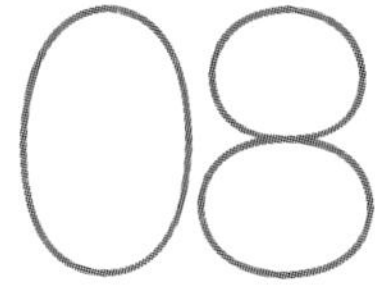

建立属于你的有限公司

目标

脱离为别人打工的牢笼

我现在的工作岗位比以前的赚得多得多，可能也比继续待在老本行赚得多。自己创造收入可能很困难，但一旦你越过这道门槛，就有可能比之前赚得多。

亚历克西斯

34 岁，某内容营销公司创始人

> 有时你想要的工作并不存在，而这通常是因为你并非真的想要一份工作，你要的是完全掌控自己的收入和事业。很多自己创业的人认为，这是最安全、有保障的职业道路。本章写给那些希望不再为别人打工而由自己掌控一切的人，而且你无须入读商学院，也无须负债。

有一个经典的商业准则叫作“先动优势”，说的是当所有变量相同时，第一家进入市场的公司或组织将会成为默认的领袖。根据这种理论，推翻先行者不是不可能，但先行者会占尽先机。

先动优势适用于很多大型产业和市场，但说到创建一个小到中型的企业（你，有限公司），做第 2 个、第 3 个或第 10 个进入市场的人实际上可能更好。[①]

① 彼得·蒂尔（Peter Thiel）也说过：“先动是一种策略，不是目标。做后进者要好得多。”

我们被告知早起的鸟儿有虫吃,这也许是正确的。但如果你是那只虫呢?如果你是那只虫，太早起床并伸出脖子，一定会被吃掉。如果你冒险进入一个新市场或新企业，做一只晚起的虫要好得多。早起的鸟儿有虫吃，但晚起的虫才能活下来。

如何通过卖T恤赚到101 971美元

本尼·许在37岁的时候发了财，而他并不是通过当一只早起的虫做到的。本尼以前是一名应用程序设计师，他很好奇怎样才能把东西卖给不认识的人。他的目标是进入一个全新的行业。他一直都对时尚感兴趣，尤其是T恤设计。以前，做丝印衬衫需要一大笔初始投资，并且如果有订单进来他必须马上发货。现在，有一种新科技可以让他接只有10件衣服的订单，并且无须准备任何库存。

然而，还有一个问题：他没有顾客。因为目睹别人利用线上广告锁定特定人群及职业，他决定尝试通过定向广告扩大客户群。他在Facebook上尝试了21次将T恤设计卖给目标用户，希望能收回广告成本并赚取合理利润。结果，21次均告失败，1件产品都没销售出去。

幸好，失败的代价不大。每次尝试他最多花费10美元，并且每次都会详细记录哪些地方出了问题。终于，在第22次尝试的时候，他看到了胜利的曙光：10美元花完前，他就做成了第一笔生意。这一次，他让广告活动顺其自然地进行。最后，他一共花了81.72美元，挣了112.25美元，利润是30.53美元。（如表8-1）

表 8-1　本尼 · 许的销售试验　（单位：美元）

失败的试验（第 1～21 次）	成功的试验（第 22 次）
10×21=210（又叫“启动成本”）	112.25（收益）–81.72（广告成本）= 30.53（利润）

30 美元不足以使本尼成为富人，但这次成功让他备受鼓舞。他知道试验正在步入正轨，所以本尼不断优化改进每一次的广告宣传。每天早上醒来，他会马上查看账户余额，看看昨晚有什么进展。每晚他都会上传新广告，期待着第二天的结果。他有了更多的成功以及更多的失败，但他会迅速放下失败，带着成功继续前行。

仅仅一个月时间，他就弥补了失败试验的损失，实现了收支平衡，他已经花了将近 1 000 美元。自那以后，一切顺利。5 个月后，他已经在广告上花了 50 000 多美元，但他挣了超过 150 000 美元。那时他才意识到这不只是个副业，而是一份全职工作。本尼的“试验”已经进行了两年多，并且他继续专职设计 T 恤。他告诉我：“这项生意带给我的自由简直不可思议，我能做有趣的事情，在任何地方都可以工作，并且在睡觉的时候都能赚钱。”

本尼不是第一个卖 T 恤的人，也有很多人在试用 Facebook 的广告。换句话说，他不是早起的鸟儿。但他通过一系列严密的测试来不断改进流程，最终做成一项可靠的高收入生意。

创业是一种新型养老方式

在《魔力创业》（*Tht $100 Startup*）这本书中，我阐述了一个模型，有数千个独立创业者都用它来做生意，并且使用它通常不需要接受任何正规的商业培训。简而言之，这个模型是这样的：

1. **一般情况下，做你喜欢的事情。**我之所以说“一般”是因为你不可能做一切想做的事并期望从中挣钱，但可能有些事情能实现这个目标。
2. **在“你注重的”和“他人愿意购买的”二者之间找到交集。**本尼认为手工 T 恤会有市场，是因为他和很多朋友都喜欢穿有独特设计的 T 恤。为了证明自己的观点，他在真实的市场中进行了试验。
3. **迅速启动，从低投资开始。**一旦本尼能够按需印制 T 恤，他的启动成本就可以忽略不计。在 21 次失败的广告中，每次的成本才 10 美元。
4. **在进行过程中，观察会发生什么，如有必要就调整方向。**本尼将 Facebook 作为 T 恤设计的大型实验室，并且根据客户需求进行修改。

无论你之前是否创过业，是否打算全职创业，这个模型均能使用。在上一章，你知道了如何开展一项成功的副业；在这里，你将学会如何将副业或其他兼职项目发展成正经生意。

在第 7 章，你还了解了如何粗略估计一项副业的潜在利润。当你有一个项目进展顺利，并且如果多花一些时间，它就可以达到一个新高度的话，那时你可能会认真考虑将它变成一桩成熟的生意。但是，具体要怎么做呢？

将副业发展成生意实际做起来比听起来简单多了，任何产品或服务都只有两个途径来扩展。

1. 向现有顾客卖出更多产品；
2. 卖给更多的顾客。

这真的就这么简单，并且你的生意类型可能决定了哪个途径更好。例如，对于本尼的 T 恤生意，他可能没法通过将衬衫反复卖给相同的顾客来赚钱。如果人们购买一件以上的 T 恤，当然很好，而且他不需要为回头客支付广告费用，但大多数人不会每个月都需要一整衣柜的新 T 恤。就他而言，发展取决于接触更多人。

然而，在很多其他生意中，向现有顾客卖出更多产品则容易得多。最佳方法是开发其他产品或拓展现有服务。现有顾客很可能会欣然接受你的新产品，而随之而来的新客户则是意外收获。

你的 4 项创业资本

如果你不投资自己，谁会投资？希思·帕吉特（Heath Padgett）是一名来自得克萨斯州奥斯汀市（Austin）的年轻摄像师和斜杠青年，起初他想在辞去创业公司的工作之前建立一份安全保障，但是当他尝试在业余时间开展项目时，他发现这个计划行不通。他说：

> 在晚上和周末创业对有些人来说可能很好，但我没有足够的压力让自己全心投入自己的项目。我有一份安逸的工作可以养活自己，所以就算我不创业还是会有收入。我知道如果我想成功，并真正给自己一次机会，就需要义无反顾地扎进去。如果栽了，我会栽得很惨。我还发现，如果我们失败了，看上去就像一个傻瓜；如果成功，人们会表示祝贺并认为我们很聪明。我抱着这种想法，开始了自己的旅程。

希思采取的策略是，在生活的各个方面增加自己的价值。他通过学习新技术以及研究其他摄像师正在做的事来发展自己的技能。他四处联系客户，例如找到一位已经写完一本关于冒险的好书，但是需要有人帮忙制作营销预告片的新作家。他勇于冒险尝试，与妻子阿莉莎一起开着野营车走遍了全美，他们在不同的州打零工并把经历记录了下来。

一路上，他还利用出现的一切机会投资自己。毕竟，这样做的风险没有高得可怕。如果行不通，他可以随时回归传统的工作。希思决定奋力一搏，看看一路上会发生什么。

如果你认为自己已经准备好成为“你，有限公司”的投资人，你需要考虑如下 4 个方面。

1. **技能。**改进工作技能，比如希思学习摄像的新技术，以及软技能，例如写作、阅读、谈判等。
2. **社交。**致力于人际关系和与人打交道，比如那个给了希思第一次机会的新作家。
3. **试验。**尝试新事物，去新地方，结交新朋友，接触新思想，就像希思在他长达一年的全国旅行中做的那样。
4. **机遇。**对生意和机会说“是”。希思对几乎所有机会都说“是”，即便它们不是完全和他最终想做的事情相关。

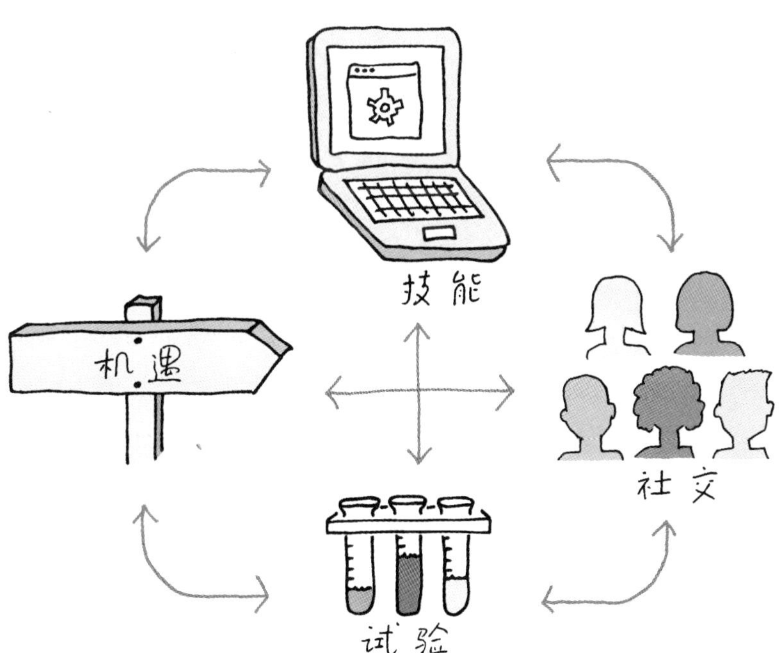

前进途中，记得关注你的收件箱以及一切你倾听顾客、客户及伙伴想法的途径，因为你可能会从中找到更多的答案和想法，让你的副业更上一层楼。

追梦计划书

大学生会有中年危机吗？可能不会，但安赫莉娅·特里妮达（Angelia Trinidad）在大二的时候碰到一件事，让她重新思考一切。安赫莉娅出身于一个严肃的亚裔美籍家庭，在那种家庭中，拿到B就意味着失败，所以她需要在加利福尼亚大学洛杉矶分校（UCLA）的医学预科中实现很高的期望。目前为止，一切都很好，但她不快乐。

不过，她已经掌握了学习、背诵和考试的技巧，所以得高分轻而易举。这可能会让望女成凤的父母高兴，但她知道医生不是自己的理想职业。尽管安赫莉娅很喜欢科学，但她还是不断回想自己有什么更喜欢的事。高中时，艺术可以让她逃离现实。她喜欢画画并把它称为自己的“安全地带”，这是一个不需要写论文或准备考试的地方。一天她突发奇想，在没有告知父母的情况下，将专业从医学预科改成了艺术。

不过，故事到这里还没有结束。艺术专业有它自己的挑战，包括那个人人都会问起的可怕问题：“读艺术很有趣，但毕业之后你能做什么呢？”直到毕业，安赫莉娅都给不出一个很好的答案。她没有觉得欢欣鼓舞，而是感到不知所措和害怕。她知道自己不会再进入医药行业，但不确定应该做什么。她是一个典型的好学生，但突然之间发现自己不再需要准备考试、参与艺术项目。而且，尽管她很高兴能拿到艺术学位，但实际上她并不想成为一名顶级艺术家。她意识到，这不是她命中注定的工作，那么什么工作才是呢？

安赫莉娅不仅开始审视自己的技能，如刻苦学习、考试及安排生活的能力，以及她的爱好（艺术），还开始考虑这两者之间的交集，终于找到了部分答案。她将自己对画画的热爱、创造性思维以及合理安排考试、论文和课外活动的能力结合起来，萌生了创造一种新型日程表的想法。这种印刷版日志将会帮助学生及其他人群跟进所有事项，同时还能鼓励他们勇于创新、尽情享乐。她把它称为“追梦计划书”，它不像她之前看过的任何一种时间管理工具，作为一个不断寻找优势的有条理的人，她已经见过很多时间管理工具。

它当然不是医学产物，也不完全是艺术作品。它是一种结合了安赫莉娅各种爱好、兴趣和技能的独特产物，并且大获成功。当她第一次在Kickstarter众筹平台发布时，募集了超过48 000美元，而她最初的目标是19 000美元，这证明了她能从这份事业中获得报酬。几个月后，她又做了一次众筹，为另一款轻薄版“追梦计划书”募集了超过100 000美元。

事情并没有完，因为购买了早期版本的用户对产品的评价非常好，第三次众筹传播范围更广了。众筹结束的时候，安赫莉娅和她日益壮大的团队围着一台笔记本电脑，他们刷新页面，结果令人难以置信：23 626名支持者出资658 434美元帮助实现这个项目。

令人振奋的不只是支持者的庞大数量，在这种情况下，他们实际上就是顾客。不久，安赫莉娅和她的公司向学校、图书馆和学术机构捐赠了追梦计划书。接着，美国艺电游戏公司（Electronic Arts）为所有员工下了一笔大订单。追梦计划书突然不再只是个业余爱好，它成了一桩真正的生意。

从0到1，垂直进步

彼得·蒂尔是贝宝公司（PayPal）的风险投资人及创始人，他提出一种用于理解企业发展的模型，尤其是科技公司。他将这称为“从0到1”，并将从0到1的企业与其他类型的企业区分开：“水平进步意味着照搬已有的成功经验——从1到n。水平进步很容易想象，因为我们已经知道了它是什么样。垂直进步意味着探索新的道路——从0到1。垂直进步较难想象，因为人们需要尝试从未做过的事。如果你根据1台打字机造出了100台打字机，你就取得了水平进步。如果你有1台打字机，又造出了1台文字处理器，那就取得了垂直进步。”

下面这幅插图也许可以帮你理解它们之间的区别。

即便大部分阅读本书的人都不打算创建一家大型科技企业，但当你决定是否要将副业变成全职时，从0到1的检验标准是个非常有趣的思考。很多副业在本质上都是从1到n的项目，这没什么问题，帮助别人永远不会落伍。但是如果你有机会从0到1，创造出真正新颖的东西，你就会希望跳出副业模式，大干一场。

尽管自立门户很困难，但还是要抵挡住这种诱惑：通过照搬现成的经验或加入已有的行业来获得只是部分安全的处境。相反，你要通过从 0 到 1 的模式营造自己的安全感，从头开始构建你自己的帝国。

何时该辞职，何时该将副业变成全职

如果你决定全身心投入，你怎么知道何时才是正确的时机？很不幸，这个问题没有放之四海而皆准的答案。我见过很多人在不同阶段辞职，以便投身于自己的事业。对年轻的摄像师希思·帕吉特和其他像他一样的人而言，做全职工作的同时开展副业不太行得通。你可能没有时间或精力，能在做一份全职工作的同时发展业务。但有些人倾向于在扩展兼职项目的同时，能有一份稳定的收入作为安全保障，即便这意味着睡得少以及在晚上和周末工作。

若你犹豫不决，有个办法能确保万无一失：当你的副业能挣到足够的钱来养活自己时就辞职，而不是在它只有前景的时候；而且只需要在它确实能够提供足够收入支付账单的时候，哪怕比你上班挣得少。在此之前，克制住辞职的冲动，除非你有绝对的把握，比如你的帝国已经拥有雏形，步入正轨。

培养基本技能的 4 个窍门

人们往往认为创立一家成功的企业需要很多技能或技术经验，但如今的情况并非如此。现在，任何人都可以借助 WordPress 和 Squarespace 这样的博客平台创建网站、在线上推销商品、追踪社交媒体舆论等，哪怕你从未写过一行代码。

就像第 4 章提到的，那些愿意使用新技术的人在新经济中通常更有竞争力。然而，这并不意味着你需要努力学习成为一名程序员或每个月跑去买最新的配件。你创业的全部意义在于，你不用做任何人的奴隶，这里的“任何人”也包括技术。你无须掌握新的技术革新，你只需利用技术实现你的目标。

下面介绍一些培养基本技术能力的小技巧，你在经营自己的小型帝国时会用到。

1. **不要为社交媒体的不断改变而担心。**每天都会有新网站出现，你要如何跟上潮流？答案是：你不需要跟上。与其面面俱到，不如立足当下，在固定的几个网站上与粉丝保持联系，然后到此为止。
2. **紧跟主流的沟通形式。**通信技术比社交媒体的变化要慢，务必要及时跟进。如果别人发短信而你发邮件，或者别人用 Gmail 邮箱而你用 AOL 邮箱，你就会感觉被遗弃了。
3. **确保你有办法获得收入。**我已经在本书其他地方提到过这一点，但它值得反复强调：如果你没有办法获得收入，就不能赚钱。幸运的是，新技术让你比以前更容易获取收入。你只需在贝宝、Square 或其他系统上创建一个免费账户，就能收到出售商品或服务的钱。有一点是最重要的：尽可能给予付钱的人方便。我曾经认识一个人，他很讨厌贝宝，经常因为要用它收款而回绝生意。有一种观点是：你如何看待某种支付方式并不重要，重要的是你的顾客喜欢。
4. **你需要一个网站。**无论喜欢与否，如果谷歌搜索不到你，你的潜在客户或顾客也就找不到你。你可以在一小时内用 WordPress 博客平台创建一个网站或博客，这个免费软件在任何一台电脑上都可以使用。

哪怕对非专业人士来说，创立线上业务也没有那么难。大部分你需要知道的信息都能很容易地从网上获取。用谷歌搜索一下，然后坚持下去！

3 分钟 MBA

人们对商学院有很多误解，最大的一个就是认为拿到 MBA 学位将让你学会如何创业。如果你想成为一家大型企业的中层管理人员，MBA 会是一个很好的选择。这几个字母指的是“工商管理硕士”，因为你学习的内容是如何管理他人的企业。如果这就是你命中注定的工作，或者在简历上出现这几个字母可以帮你升职、加薪，那么读 MBA 就是一项很好的投资。但对于其他人，尤其是想自己创业的人，走出校门会好得多。

如果你不确定商学院是否适合你，可以使用表 8-2 这个速查表。它可以让你将从商学院学到的东西与创业需要知道的东西进行对比，请注意这些不同之处。

表 8-2　商学院教授的技能与创业所需技能的对比

	商学院教授的技能	创业需要知道的技能
管理	关于高管如何管理众多下属的案例分析	如何与各种各样的人一起工作以及如何通过协商得到你想要的东西
运营	如何管理工厂、医院、飞行舰队、油气生产设备以及类似的大规模企业	如何管理让你挣钱的东西
财务	股票及债券估价模型，预测及项目评估，如何创造短期利润以提升股票价格	如何持续赚到足够的钱，不论“足够”对你来说意味着什么
会计	如何编制企业财务报表，处理无形资产的摊销及折旧等	如何支付账单及记录你已经赚到的钱
营销	如何花费数百万美元做广告宣传	如何接触想要购买你的产品或服务的人
统计	微积分、线性规划、叫作“导数”的东西以及一些“频率分布”	没多少

如果你仍旧摇摆不定，请务必看一下乔希·考夫曼（Josh Kaufman）的经典论著《在家就能读MBA》（*The Personal MBA*）。它的售价不到20美元，所以你将节省在排名前10的MBA项目就读时要付出的将近59 980美元的学费。

Born for This

如果时机合适，并且你有迫切的意愿，就可以考虑全身心投入创业。但在考虑问题时，要把快乐-金钱-心流模型作为核心。如果有一项关键要素不能满足，那么你在构建自己的帝国时就会更艰难。当你确实发现合适的契机时，你的奋力一搏才能平稳着陆。不要加入别人的公司，为他人的利益忙活，而是创造自己的安全保障。

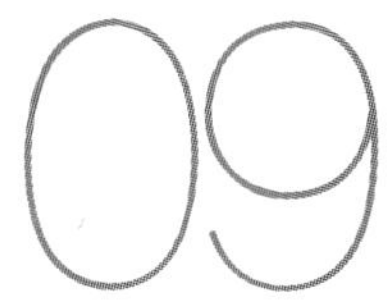

做你想做的工作

目标

让胜算再大一点

我从未体会过灵光乍现。我经历了一个探索的过程，才找到这样一份工作：薪水可观，还能提供我渴望的自主力。

凯莉

35 岁，在线社区经理

> 停止数字游戏，别再发送简历。与其碰运气，不如玩可以提高命中率的游戏。

成为一名职业消防员非常困难。很多消防部门实际上比斯坦福大学或哈佛大学的竞争更激烈，平均录取率不到 1%。每当某个部门发布职位空缺，就有成千上万人参加考试，但只有几个人能通过。要成为一名消防员，你必须得到急救、卡车驾驶、电梯运行等方面的认证。它还是个体力活儿，在极端条件下，你需要搬重物。基本上，首先你必须非常聪明并且非常强壮，其次你必须学会很多挽救生命的专业知识。这样的结果就是所有高技术含量工作都会面临的难题：想进者多，入围者少。总之，成为一名职业消防员不只是难，而是真的很难，但并不是没有可能。

20 岁时，谢利 · 蕾 · 瓦雷拉（Shelli Rae Varela）住在加拿大安大略省，自称为不羁的艺术家。她在机械方面很有天赋，从小就帮父亲修卡车。但她也有创造力的一面，很小就开始学习画画，从能用照相机起就学着拍照。另外，谢利身高 1 米 57，体重 49 公斤，她小时候的绰号叫“花生”。从外表上看，她是最不可能成为消防员的人。

成年后，她有很长时间都和一位处于低谷期的朋友待在一起的。这位朋友叫史蒂夫（Steve），是多伦多的一名消防员，谢利痴迷于他的救援故事和惊险经历。在他不去消防队的时候，谢利会去他家和他聊天。每当故事讲完，他就开始教谢利跟工作相关的东西。

一天，他们开车出去，谢利注意到一辆贴着危险品标签的卡车。她想起史蒂夫教过她的东西，马上指出标签贴得不对。史蒂夫很惊讶，问她：“你为什么不找一份消防队的工作呢？”

那时候，加拿大的女消防员少之又少，并且，“花生”瓦雷拉不管从哪方面看都不算个强壮的人。虽然困难重重，但成为消防员这个提议马上引起了她的兴趣。她想，那就是我想做的事，我要成为一名消防员。

成为消防员需要经历很多程序。通过笔试的少数人中，大部分人因为身体不达标或不符合面试要求而被拒，还有些人自己放弃了。为了能被录用，你必须花费数月甚至数年的时间学习和准备。

谢利一直是个志在必得的人。如果她想要，就一定会做到，哪怕成为消防员不是这么简单。她在多伦多注册了考试，到场的时候看到有 5 000 人在会议厅等待。这些人都是干吗的？哦，她意识到，他们都想成为消防员。这项考试在加拿大被称为全国消防员选拔考试（National Fire Select Test），临时抱佛脚是肯定不行的。谢利原本想靠自己在机械方面的天赋和史蒂夫教她的东西通过考试，但她没有意识到还有很多东西要学。不用说，她的第一次考试结果不理想。

幸好，她可以无限次地参加考试，并且她愿意做一切能够提分的事。在接下来的几个月，她倒推了成为职业消防员的过程。她研究了所有必备技能，打算各个击破。不久之后，她随身携带的文件夹里积累了一堆证书。她在美甲店谋生，但她的重心一直是那个梦想，那就是成为一名消防员。

梦想变成现实花了 3 年多时间，确切地说，是 1 162 天。她之所以知道具体数字，是因为从 20 岁产生那个想法开始，她一直念念不忘。每天，当她努力学习各种技能或为下一次考试做准备时，都会想象自己接到最终被录用的电话的情景。想着那通电话能够让她斗志昂扬，将精力集中在学习上。

她在全省各地又参加了 8 次考试。大多数时候都及格了，但是分数不够进入下一轮。有一次，她考了 92.5 分，略低于入围要求的 93 分。这已经相当接近了！而且，她的分数越来越高。最终，她考到了进入最后选拔阶段所要求的分数，但她还要克服很多困难。例如，考官对她的体能表示怀疑，当时很少有女性能够达标，并且谢利的体形较小，但她证明他们错了，她的分数超出了体能测试的要求。

终于有一天，电话来了。她以出色的成绩通过了所有测试，加拿大第 6 大消防局米西索加市消防局（Mississauga Fire Department）录用了她。这正是她梦寐以求的。她接受了这份工作，在第二周开始了正式训练，并且不曾后退。尽管困难重重：激烈的竞争、紧张的申请过程、娇小的体形，但她成功了。当我与她交谈的时候，她已经成了一名职业消防员，刚刚度过了自己的 22 岁生日。

如何得到你的理想工作

让我们先揭露一个令人沮丧的事实：**大部分关于得到理想工作的建议都具有误导性，甚至是有危害的。**在研究获得一份机会渺茫的工作的最佳方法的时候，我本以为看看专家的建议会很有帮助，结果我找到的要么是错误的，要么缺乏吸引力，要么两者兼而有之。

《纽约时报》著名专栏作家托马斯·弗里德曼（Thomas Friedman）建议毕业生要“脱颖而出”。他说，如今的雇主并不在乎你在哪儿读的大学。这句话引用自一位哈佛大学教育专家和一位曾在耶鲁大学就读的创业者。这位创业者曾在跨国咨询集团麦肯锡公司工作，而她的合伙人曾在高盛集团工作。

> 你只需去一所常春藤盟校，前提是有人会为一年 40 000 美元的学费埋单，然后获得一份精挑细选的高薪工作。在那之后，你就可以“脱颖而出”了。

似乎大部分专家都把找工作看成一个纯粹的数字游戏。他们说，你申请得越多，找到工作的概率就越大。但实际上，根本不是那么回事，至少两者之间不是直接相关的。为什么呢？原因之一是，近年来申请流程出现了严重的通胀，尤其是初级和中级职位。随着就业市场竞争日益激烈，求职者不仅有应届毕业生，还有各年龄段的求职者，他们通常都很恐慌，会尽可能地多发简历，只为获得一次面试机会。不过，这种广撒网的策略很少奏效，因为研究表明大部分人都是在常规申请流程之外被雇用的。

而且，“广撒网多捞鱼”方法背后的逻辑根本就是错误的。假设每个求职者都发出 75 份额外的简历，就意味着对每个岗位，雇主至少会收到 75 份额外的申请。从 20 世纪 90 年代后期开始，这个问题越发严重，当时线上招聘普及开来，求职者不再需要拿起一份印刷好的报纸浏览分类广告。大学就业指导办公室也许还继续保留着厚厚的三圈活页夹，里面都是当地企业的招聘信息，但大部分学生会直接上网搜索。

一方面，线上招聘方便了求职者。你可以搜索任何工作，并且经常可以直接在网站上申请，无须打印或邮寄简历。另一方面，易于访问的职位列表和即时的申请流程实际上让情况更糟，因为它们增加了每个岗位的申请者数量。这听起来很疯狂，直到你意识到申请大部分工作都很容易，你只需点击一个按钮即可加入求职行列，没有什么可以阻止人们反复点击按钮。

有两种办法可以适应这种环境：努力比其他人更优秀、更勤奋，比如一直点击申请按钮，发出 76 份简历而不是 75 份；或者从一个完全不同的角度来解决问题。很可能你做不到比其他人更快地点击按钮，再说了，难道昂贵的高等教育就没有教你比点击按钮更好的方法吗？

挑选出胜算最大的“机器”

如果想从一个不同的角度解决问题，你就必须停止数字游戏，开始玩可以切实提高命中率的游戏。让我们回到第 3 章简单讨论过的赌场。大部分光顾赌场的人都是赌徒，这意味着他们基本上把钱都送给了庄家。当然，庄家会给他们斟满酒水，甚至还提供一顿免费的自助餐，感谢他们的慷慨解囊。但久赌必输。

不过，凡事都有例外。在大西洋城（Atlantic City），我认识一个家伙，我管他叫丹，他是一名职业视频扑克玩家。他确有其人，并非杜撰，但他让我不要用他的真名。在过去两年里，他一直运用一种策略，让他能以 0.02% 的微弱优势战胜对手。

简单来说，这个策略就是：选择合适的机器。所有游戏机都用某种方式校准过，以便让赌场能够或多或少赢一点。丹找到一个挑选机器的最佳策略，再加上近乎完美的操作，导致他在大西洋赌场每玩 8 个小时平均能挣 200 美元。这项技能实际上不难掌握，因为一旦你知道如何去做，你就会做出同样的决定。

如果我们将丹的制胜策略运用到求职中，那么关键做法就不在于申请更多的工作，而在于申请合适的工作。你如何挑选出胜算最大的“机器”呢？

提高命中率的 5 个步骤

跟生活中的大多数事情一样，当你尝试找到你的理想职业时，站在对方的角度考虑问题会很有帮助。公司是否会为了一个职位去浏览成千上万份简历？并不会。在填补公司的职位空缺时，成功的企业和组织只想在最短时间内找到最合适的人。

换句话说，你的目标和他们的目标有些是一致的。

找工作时，大部分人会遵循惯例。他们做的事情有：

- 参加招聘会；
- 浏览招聘网站；
- 润色简历；
- 查看行业及校友网；
- 更新领英个人资料。

这些活动很容易让你认为自己正在取得进展，但也许只是白忙一场。为什么呢？想想有多少聪明、合格的求职者目前正在做同样的事情。这些活动也许看起来很有成效，但它们并不能帮你找到理想职业。**在一个高度竞争的环境中，只是做和别人同样的事情是不够的，你需要做一些能给自己带来真正优势的事情。**

下面介绍一些可以切实帮你提高命中率的步骤。

1. 决定你想要的职位头衔。如果你想得到被叫作“人事经理”的工作，那就是你将获得的职位。如果能通过层层筛选，那你很幸运。但是如果你能创造属于自己的头衔，并找到一家愿意接纳这个岗位的企业或组织呢？你的竞争一下子小了很多。

在与那些擅长创造自封头衔的人们交谈时，我听说了“首席快乐官”这个头衔，现在已经有一些创业公司会设置这个岗位。实际上，它的出现可以追溯到 2003 年，当时麦当劳将传递快乐的职责托付给麦当劳叔叔（Ronald McDonald）这个小丑人物。我还听说了“市长”托尼·巴奇加卢波（Tony Bacigalupo），他在纽约市运营一家共享办公空间。

如果你可以任意拥有一个工作头衔，你的头衔会是什么？

2. 创建一条创作理念，用来描述未来的自己。不同于标准简历，很多画家、雕塑家及其他视觉艺术家通常会创建一条“创作理念”，用来描述他们的作品和宗旨。我们很容易区分强有力的和软弱无力的创作理念。软弱无力的理念包括很多空话，用的是被动语言而不是主动语言，它们盛行于世。[①]而强有力的理念会迅速切中要点，很少使人困惑，例如：

- 我的水彩画是关于怀旧和感伤的。
- 我创作雕塑和其他实物来展示人类的进化以及它对环境的影响。
- 我的每周播客探讨了工作领域正在如何改变，特别是对于婴儿潮一代及其他更习惯于传统职业的人。

当然，大部分创作理念都是针对创造性活动的，而不是求职，但是为什么不将这个概念修改一下，让它更职业化呢？你可以将一半的重心放在你过去的成就上，另一半放在你未来希望取得的成就上。最好能简洁明了，但不用刻意追求用最少的文字。以下是一些例子。

- 作为一名成功的中学教师，我培养了很强的沟通和领导能力。我的目标是将这些技能运用到公关行业的新工作中。
- 我想运用自己的技能和 5 年的前端开发工程师的经验，帮助一家企业在系统和网络方面做出巨大改进。
- 我毕业时平均绩点 3.9（很不幸，微积分拿了 A-）。我准备帮助公司提高利润，并开发新的收入来源。

3. 向 5 个人求助。你可以发出一系列私人邮件请求具体的帮助。不要给关系网中的每个人都发邮件，并且不要使用密件抄送，因为大部分人会直接

① 软弱无力的创作理念太常见了，artybollocks.com 网站上有一些特别荒谬的例子。

删除那些信息。不要在 Facebook 发表与个人无关的东西，或者发很普通的微博。你要尽可能地明确这些人该如何为你提供独一无二的帮助。你可以征求关于得到理想工作的线索，或只是请求被引荐给某个能够给你指引正确方向的人。看看这样做有什么效果，然后再问另外 5 个人。

当你被介绍给一位有影响力的人时，尝试一下是否能同他会面，哪怕只是很短的时间。这并不总是可行，但只要可能，就要努力留个好印象，并要多听少说。除非对方明确表示想要继续，否则约定时间一到，就结束谈话。之后，发送一封后续邮件感谢对方为你抽出时间。如果合适的话，可以明确请求进一步的联系、机会或会谈。

4. 将“表明兴趣”作为一项人生策略，而不只限于大学申请。随着大学不断收到不计其数的申请，它们已经开始在考试成绩和平均成绩外，考量一个新的因素。因为它们想知道自己是申请者真正在意的学校，还是只是批量申请中的一所而已。招生人员将这个因素称为“表明兴趣”，它很难量化，但它指的是以下这些事项。

- 申请者是否正式访问过学校?
- 为什么申请者认为这所学校特别适合自己?
- 这位申请者将如何为我们的文化做出积极贡献?

正如成功的大学申请者们会不惜一切地展现自己对院校的兴趣一样，你也可以将类似的策略运用到求职中。例如，当谢利·蕾·瓦雷拉选择成为一名消防员时，她跑去学习一切与工作相关的东西。每当遇到不熟悉的技能或知识领域，她就会迫不及待地提问、读书甚至上课，以确保自己完全合格。她真的很想成为一名消防员，而她也表现了出来。

我与助理阿什莉一起工作，是在她突然给我发邮件主动提出帮忙之后。

几个月前我们有过短暂会面，她给我的印象是很勤奋、可靠。当时我正头疼于一项非常枯燥的工作：我有一个巨大的电子表格，里面有成千上万行地址数据需要整理。我知道这项工作至少要花好几个小时，甚至更久。我把这项工作交给她时略感抱歉："你愿意花 8 个小时盯着一张电子表格吗？"她的回答让我吃惊。她说："那太好了！"

她不仅欣然同意完成这项工作，而且额外花时间研究电子表格，并在 YouTube 视频网站观看培训教程。如果我见到了这些努力,那这就是她在"表明兴趣"。接下来几个月她做了更多测试性工作之后,我给了她一份全职工作，当她接受时，我感到自己很幸运。

5. 立马投身工作，然后静观其变。没有时间准备烦人的申请材料？也许你应该直接出现在某个地方，然后开始工作。实际上，已经有人这样做了。

马克·苏斯特（Mark Suster）在伦敦工作，是一名咨询顾问，那时他听说公司有个新的项目将在东京启动。马克从小就热爱亚洲文化，并一直想去日本工作，但他知道被随机分配到这个项目的机会很渺茫。他还知道如果自己申请调动并被拒绝的话，他就不能违抗命令去东京，因为其他地方可能需要他。

所以他折中了一下：他没有申请调动，而是"自行接受"了项目。他买了一张机票，哪怕他不确定是否能收回这项成本，但还是在周末飞往日本，并在星期一早上出现在分部办公室。项目负责人问他："你来这里做什么？"他说："我听说你需要帮助。"不过，他自己承认，部分对话已经在转述时丢失了。

东京分部在这周给他安排了一些工作，毕竟他人已经在那儿了，所以为什么不给他分配工作呢？他完成得相当好。这周结束时，他们让他下周再来。马克最后待了6个月，离开日本前，负责人让他考虑长期调到东京分部。但那时他打算做些别的事情，不过这场冒险的赌博他赌赢了。

成功 = 苦干 + 巧干

如果你的问题不是找到或得到一份工作，而是晋升到你想要的级别或职位，又该怎么做呢？"自行接受"升职或跳级晋升并非总是可行。例如一段典型的军事生涯中，军衔的授予要依据严格的线性时间表，很少有机会跳级。对身处阶梯底层的人来说，前20年服役期限的大致轮廓如下所示：①

二等兵：6个月

一等兵：1年

下士：18个月

中士：4.2年

上士：8.5年

三级军士长：13.6年

二级军士长：17年

一级军士长：20.8年

当然，这个时间表会和现实有所出入。在有些部门晋升更快，在有些服役单位晋升更早，并且在你达到最初几个级别之后，后续晋升完全取决于你的功绩。不过，一般来说，这个时间表很接近实际情况。你通常可以根据自己的入伍年龄及服役期限，来准确预测自己能走多远。

① 数据来源：《2015年美国征兵指南》。

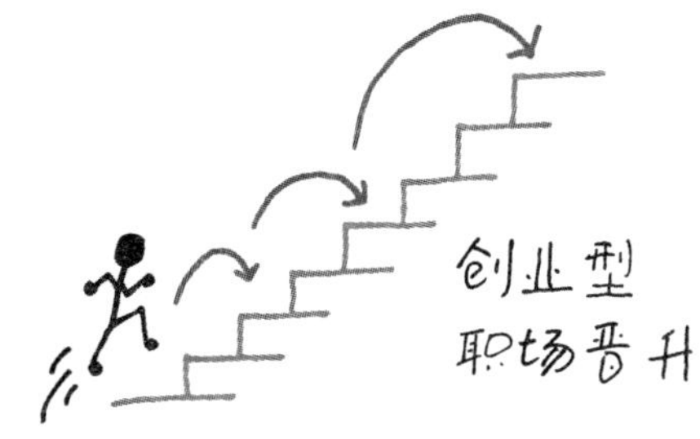

假设你正考虑参军，但没有特别想去的服役单位，如果所有条件相同，为什么不加入晋升更快的部队呢？换句话说，如果你站在 5 台排队人数不同、成功概率相同的老虎机前，那么最佳选择就是排队人数最少的那一台。

很多企业也是这样。当你面临两种选择，一个提供的是有限的线性发展潜力，而另一个能够更快带来更大的回报，你就不如认真考虑那个速度更快的选项。如果你适合很多领域，并且每个领域都很有吸引力，为什么不进入晋升更快的领域呢？

哪怕你一直住在地下室，靠方便面度日并且很少出门，你也有可能已经认识很多可以帮你实现职业目标的人。利用一种自然、不招人厌的方式刻意培养出这些关系后，你可以在求职、创业乃至寻求个人意见或支持的时候依靠它们。

社会学有个著名的理论叫作“弱关系的力量”（the strength of weak ties）。简单来说就是：**我们的熟人会为我们打开更多的门，从而给我们带来更多的机会**。这是因为我们往往和朋友处在同一个圈子，而泛泛之交（弱关系）往往会有很不一样的朋友圈。有充分证据表明：基于这个原因，在求职方面，弱关系有着惊人的价值。但和拥有很多弱关系比起来，拥有合适的弱关系更重要。

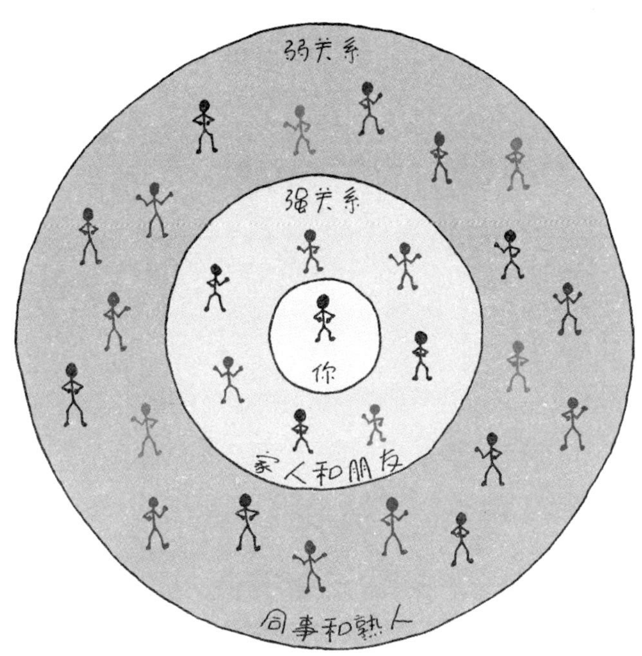

当我第一次想写一本书时，我不认识其他作家，没法征询他们的意见。为了弄清楚与代理人或出版社联系的过程，我非常认真地上网搜索，并跑去图书馆查阅资料。然后我着手跟编辑和代理人联系，但没有什么进展，因为大部分人都没有回复我的问题。

当这个办法行不通时，我开始问每个我认识的人，看看他们是否有什么建议或认识相关的人。最终我联系上一个人，他很快成了我的文稿代理人，他是戴维·富盖特（David Fugate）。我不知道的是，我之所以能联系上他是因为一位作家的推荐，那位作家一直在读我的博客。7 年后，我和戴维已经合作了 4 本书，我也能向他推荐一些其他成功的作家了。从某种程度上说，遇见戴维等同于丹在赌场赢了钱。我们从泛泛之交变成坚实的伙伴。

这个例子不只关于写书，而且和本章的中心原则息息相关。**成功并非完全取决于坚持，而是取决于苦干加巧干。**尝试，再尝试，这样当然可以，但要有策略地再尝试。建立关系和找工作一样，质量重于数量。

换句话说，我们的目标不一定是结交更多的人，而是结交更多合适的人。

像给你关心的人写信那样去写作

无论你是求职、晋升还是成立新企业，人们总会建议你“利用社交媒体”。但具体要怎么用？如今，告诉人们“利用社交媒体”就好比说“运用你的语言”。那么，还有什么其他的方式可以用来沟通呢？

社交网络很有意思。几乎每周，你都会听说一种新的媒体突然出现，它可能还会让人有些困惑。你应该在 100 个社交网站上创建 100 个账户，然后将所有时间用于更新吗？你应该雇一位虚拟助理在 Twitter 上冒充你吗？你也许已经知道这两个主意都不好。确定你的目标人群是谁以及他们在哪里出没，那儿才是你应该出现的地方。它不一定是最热门的新社交网络，当然也不能流量太少，这样你就有时间去做自己真正想做的事。

无论你使用哪个社交网络、平台或工具去和人们联系，最重要的是真实和真诚。我过去常开玩笑说，当我第一次开始写博客时，只有 5 位读者，而祖母尤娜就是其中之一。后来我发现她用两个不同的邮箱地址订阅了我的推送，因此祖母代表了 40% 的读者。

当她开始接收我的推送时，家里有了另一个笑话。起初她没意识到它是群发邮件，她以为我只是给她一个人写信。当我父母去看望她时，她告诉他们：“克里斯前几天给我写了一封不错的邮件。”我父亲试图向她解释推送文章实际上会被同时发给一群人，但他下一次去拜访的时候，祖母还是说同样的话：“我又从克里斯那里收到一封不错的邮件。”

我们为此笑了一阵子，但下一次我坐下来写推送文章的时候，想起了这个故事和它背后的深意。一个好的作家并不是为大众写作，即使大家最终都会读到。一个好的作家要试图和读者建立联系，可以从考虑屏幕或页面另一端的人开始。

也许我的祖母是对的：本质上，我只是给她写信。她注册了我的网站，邮件出现在她的收件箱，这就是她想要的。而下一步取决于我：我会发送一些有价值或至少有趣的东西吗？就在那时，我发誓要像给我的祖母或其他我关心的人写信那样去写作，这个原则对我一直很有用。

你无须成为一名职业作家就能遵循这个建议。纵然没有公号或博客，无论你渴望为了事业或工作做些什么，你都可以在你的社交网络中努力保持同样的真诚。[①]

如何赢得决赛：面试中可以问的问题

假设你终于挺进了成功机会很小的重大面试，你要如何继续克服困难得到工作呢？很多面试建议都很基础、乏味，但有些东西是职场专家一致认同的：**参加面试时，你要自己准备一些问题。**这不仅能满足你的信息需求，还能让你看起来聪明、有好奇心。毕竟，你不只是期望成为别人机器上的齿轮，你还想要确认这份工作可以给你带来快乐、金钱和心流的完美平衡。

① 祖母，如果你读到这里，我想让你知道那些邮件只是写给你的。

以下是一些可以提的问题，使用时请用你自己的话表述。

- 您的团队当前面临的最大问题是什么？
- 我能给这个岗位做的最大贡献是什么？
- 您是否能描述一下这个岗位一天的工作通常有哪些？一个成功的人如何分配时间或管理职责，从而把工作做好？
- 我的工作表现如何衡量？我如何知道自己是否做得不错以及如何改进？
- 如果我想在工作时做一些岗位职责范围外的事情，也许会用 15% 的上班时间，您会怎么看？

这些类型的问题要能达到一些不同的目的。第一，这些答案应该能够帮助作为求职者的你决定这份工作是否适合自己。第二，这些问题要表明你的兴趣：渴望奉献的同时也希望能维护你的独立性和自主力。

为获得最佳效果，请将这些问题中的几个和几个自己的问题结合起来。你自己的问题要更针对这家公司或组织以及你最看重的技能、兴趣和爱好。

Born for This

巧干不代表不苦干

当 20 岁的谢利 · 蕾 · 瓦雷拉决定成为一名消防员时，她盘算了一下这份工作的需求，然后弄清楚自己到底需要做什么。她花了几年时间得到这份工作，但现在她已经做了 20 多年。毫无疑问，这份工作是她命中注定的事业。

在我们的一次会面中，谢利不得不突然停下来回应一通紧急呼叫。一名患者据称“毫无生命迹象”，他们全组赶到现场救援，到他们离开的时候，患者恢复了脉搏。后来谢利赶回来，她的声音中带着明显的愉悦，她告诉我她有多热爱自己每天所做的事情。这不是一份轻松的工作，但这正是关键所在，这份工作很重要，而她觉得做这份工作很棒。

对谢利而言，1 162 天的学习、训练和考试是值得的。那么，你愿意付出多少努力去找到自己梦寐以求的工作呢?

自我雇用

目标

变得无可取代

我不会等到自己知道如何开始才去做，我会直接开始。大部分时间我真的很害怕，但我发现没有什么可以取代为实现梦想而采取的行动。没有人想被称为空想家，他们都希望被称作梦想成真的人。

希思
24 岁，作家兼摄像师

为老板或公司工作没什么不对，尤其是当你可以让工作为自己服务时。你最好能通过成为对组织极有价值的人来保住你的饭碗，同时也精心打造你梦寐以求的工作。

当利昂·阿达托（Leon Adato）将自己的工作描述为一家软件公司的技术传播者时，他很骄傲地将自己的角色和岗位称作“头脑极客”。他在回复我的一次调研时，热切地问道：“谁不想要一个像我这样的工作呢？”当我通过 Skype 联系上他在俄亥俄州克利夫兰（Cleveland）的家庭办公室时，为了让我了解更多，他解释了自己是如何得到这份理想工作的。

头脑极客这份工作要求他自掏腰包出席他想去的会议并在会议上发言，还要围绕他当前写作的主题免费写一些文章。正如你可能认为的那样，这份理想工作并非无中生有，整个故事从他早期的职业转变开始。

利昂在克利夫兰长大，是当地一家交响乐团的打击乐手的儿子。家中鼓励他从事表演艺术，从小利昂就想成为戏剧演员。他从纽约大学（New York University）戏剧专业毕业后，急着找工作，最后在一家聋哑人剧院上班，每周需要工作 70 个小时，一年只有 10 000 美元的收入。确实，这是一份在剧院的工作，演员也经常会为舞台做出牺牲，但这种生活方式与利昂的目标相去甚远。他想有一个家庭，并且他意识到自己作为演员成功的可能性很小。

而且，戏剧专业的学位只能让他获得餐饮服务和害虫防治这样的工作，这很明显不是他的最终目标。不过，早在 1998 年，当他做一名临时的行政助理时，他发现自己真的很擅长使用电脑。他开始自愿教办公室的每个人如何从使用老式的文字处理器过渡到最新的电脑，并很快获得一份“真正的工作”：专职教秘书使用软件。

做这份工作让他觉得自己很有用，哪怕备课只是提前看一下要教的内容。他跟我说：“那时，找一份计算机方面的工作有两个要求：一个是‘你还活着吗’，另一个是‘你有一套西装吗’，二者满足其一均可。”

他持续做了 5 年软件培训工作，这是非常好的学习经历，利昂带薪学会了 100 多种不同的软件程序。他不仅对公司而言越来越重要，而且为简历积累了长达数页的各项技能。他还将自己的戏剧技巧运用到课堂中，他说他的日常教学实际上就是 8 小时的单口相声。

利昂 · 阿达托在电脑方面越发精进，先是晋升为桌面支持，然后是服务器支持，后来进入系统监控的新领域。他要负责确保网络能正常运行以及电脑主板保持联机，这是一个至关重要的岗位。他还做了很多别的工作，每隔两三年就换一家公司。在很多行业，跳槽并不总是好事。但在 IT 界，如果你不频繁更换工作，雇主就会质疑你的能力。他的每份工作通常都会在收入和职责方面前进一步。除了那些岗位，他还在雀巢公司工作了一段时间，先是为这家公司在北美创建了一个主要系统，然后是在瑞士，他和家人还搬到那里住了一年。

这些年他也一直在做副业：为客户和朋友设计网站，以不断变化的技术世界为题材写作。他开玩笑地将其称为“半夜到凌晨5点的轮班”，但他更倾向于把它作为副业而不是全职。利昂主张远程办公，他有足够的自律去独自开展工作，但他也很享受成为大公司的一员，和其他同事在一起。

当利昂开始参与SolarWinds软件公司运营的社区论坛时，他的理想工作出现了。他在证明了自己在技术和知识上有价值之后，接受了头脑极客的带薪职位，这是一个既符合他的技术和兴趣，又能满足公司需要的独特职位。

早在纽约大学的时候，利昂就一直想从事表演。现在他必须在会议上发言，他将其描述为“站在众人面前炫耀”。他在学习电脑的时候，写作和发表论文只是出于兴趣。现在，他过去经常免费做的事情成了他工作的一部分。

是否人人都想要一份像利昂这样的工作还有待商榷，但毫无疑问的是，他已经找到了自己命中注定的工作。他无须应对以下风险和不确定性：在没有安全保障的情况下辞职、将副业变成全职或自己创业。但他实现了这些目标，他通过做好工作来支持自己的理想生活方式，同时让自己成为雇主不可或缺的人。长久以来，利昂每两年换一次工作，如今他希望安顿下来。

零工经济，你是自我雇用

优秀人才失去好工作的故事比比皆是。在如今的“零工经济”（gig economy）中，雇主不再为合格、勤奋的员工提供终身制岗位和薪水，甚至连政府、高校提供的职位和其他传统意义上的“安全”工作也不是那么安全。

我认识一个人，他在军队待了近 20 年，后来在没有任何解释的情况下被解雇了，而且就在政府养老金即将发放之前。

这意味着，即便你有稳定收入，如果在对你个人的事业负责的角度，你本质上是在自我雇用。因此，你应该不断提高自己的能力，替自己着想。这很重要，原因有二：第一，为了保住你当前的职位；第二，作为晋升的手段。

在利昂的职业生涯中，他之所以能够在不同公司的不同岗位中晋升，是因为他能够不断提升自己的技能并设法做出比预期更大的贡献。这些努力得到了回报，最终让他成为新雇主不可或缺的人，使雇主同意他自行定制想要的岗位。

大部分人往往认为，要想成为一名企业家，你就必须在地下室建立一个社交网络或者在车库创建一个电脑公司。但事实并非如此。如今你甚至不需要通过创办公司就能把自己称为企业家；在传统公司或组织内，你也可以具备企业家精神。成功的诀窍在于，要像利昂那样做，并且如果你实际上是自我雇用，就设计一个符合你兴趣、能让你尽可能发挥创意的岗位。

但是具体要怎么做？归根结底是要成为现任雇主不可或缺的人。当你的团队、公司或业务没了你就不能运转时，你就有了世界上最好的筹码，可以向老板提出让你设计自己的理想岗位。无可取代性并非唾手可得，但你可以通过借鉴下面 4 种策略慢慢创造。

4 种策略让你成为无可取代的员工

策略 1：确保列车准点

每个人身边都有在职场表现超群的人。这个人当然能把工作按时完成，但除了完成基本工作，无论哪里有需要，这个人都会设法帮忙。例如，有时你会参加一种会议，会上没有明确的领导者。出现这种情况时，要根据情境确定其他与会者的领导能力，时刻记住你的目标是，把事情做好并让他人出彩。然后，在不掌控他人的情况下采取主动。你要乐于助人，提出问题，并主动代表小组接受任务。

会议结束时，根据团队同意采取的行动快速做出总结：“好吧，那么约翰将打电话给供应商核实交货情况，我将做其他研究再进行汇报……”最后，如果没有人当场做记录，就自己动手，打印出来并在会后 24 小时内送给与会者。

你也许听说过这句话：“如果你想把某件事做好，就让大忙人去做。”要想变得无可取代，就要做一个能帮组里其他人把事情做好，并让其他事情正常运行的大忙人。

检票口	时间	目的地	状态
B13	11:00	确	准点
A26	12:45	保	准点
A40	2:00	列	准点
A28	4:15	车	准点

策略 2：预防寻租及其他职场不良行为

如果你曾工作过或者自己创业过，也许就会意识到并非所有“工作时间”都是高效的。实际上，很多时候工作的效率都是低下的。我们很难完全消除低效的工作，因为在我们的日常工作和会议中，总会有不可避免的延误。然而，大部分低效的工作仅仅是因为一种常见的不良习惯：人们承担工作是为了让自己看上去优秀或提高自己的声望，而没有创造任何实际价值。

经济学家将这种试图转移财富却并不创造价值的行为称作“寻租”。说客这样做是为了说服政府领导人按照他们的合同来行事，可有可无的员工在工作时间忙于无意义的工作时也这样做。无论你做哪种工作，你身边可能都有这样的例子。

当我在西非穿越贝宁（Benin）和尼日利亚的边境时，体验到了一种寻租的极端情况。尼日利亚是一个美丽的国度，有很多善良的人，但大部分人会第一时间告诉你，当地政府腐败到不可思议。行贿基本上成了做生意的手段，也是日常生活的一部分。那时我已经在西非住了几年，知道那里腐败盛行。即便如此，过境时的要求之多和无耻程度依旧让我震惊。为了顺利过境，我不得不将我的护照给至少 8 个人看，他们在露天办公室排成一行，也许他们都在那儿履行一项重要职能，但我不知道是什么。其中有些人一句话都没说，就朝我摆摆手，有些人问了 1 ~ 2 个问题，还有一些人只是抓着我的护照然后等着我。据我所知，他们除了恐吓旅客和捞外快，什么都不做。

但愿你不会在办公室碰到这种级别的寻租行为。然而，有时你会注意到，一项活动的发生在本质上是重复的或是不能推进组织目标的。有可能的话，要抵制这种行为，并要注意确保你自己不会经不住诱惑而沉溺其中。

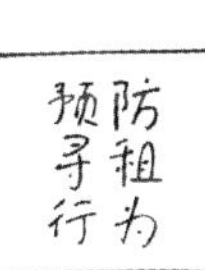

策略 3：帮助组织实现关键目标，即便它们与你的实际工作并不直接相关

一家大企业有很多不同的岗位，但并非所有岗位都直接负责创收或实现其他有形目标。你的岗位也许是幕后工作的一个重要部分，但要想办法更进

一步。不要只做一个努力的人，而是要想办法提高企业利润，或用其他方式在你的努力和组织的更大成就之间建立直接联系。

我曾经认识一位救援人员，他负责为自己全职工作的慈善机构募集资金。每个季度他都会写信给他的支持者，在感谢他们帮助的同时，委婉地提醒他们机构的后续需求。这个人是慈善机构的一名会计，这虽是重要岗位之一，但在外人看来没有什么吸引力。为了筹集更多的善款，他想出一个新颖的方法来描述自己的工作。他没有去写自己的日常职责，例如计算数据和长时间盯着电子表格，而是讲述了一个更精彩的故事，故事讲述了关于慈善机构正在做的事；然后，他谈到了他和同事们充当的支持角色是如何为那些更大的目标做出贡献的。他的潜台词就是："这就是你正在帮助实现的梦想！"这种方法非常有效。

帮助你的组织
实现它的目标

策略 4：如果你的工作面临淘汰的危险，别强撑，换工作

每年我都难以置信地看着大量印刷好的电话簿在办公室外面被发放，然后每年我都目睹着一位又一位租客直接将电话簿扔进垃圾箱，并且我也这么做。剩余的电话簿被留在大厅，直到某个人出现把它们移走，大概是移到垃圾场或废品回收中心。

这种做法不仅是难以置信的浪费，而且是一项业务濒临灭绝的明显标志。手机成了新的通信方式，而成千上万无用的电话簿还在被印刷。也许电话簿业务能继续存在是因为广告商还愿意掏钱支持，但一旦广告商不再掏钱，业务就结束了。

想象一下你正负责运营一家电话簿印刷公司，你会做什么？首先，你也许希望马上另谋出路。但是假设你做得比较开心，你最好考虑一下如何帮助日渐落伍的产品恢复生机，或者至少支撑这个行业转型成更符合现代需求的事物。

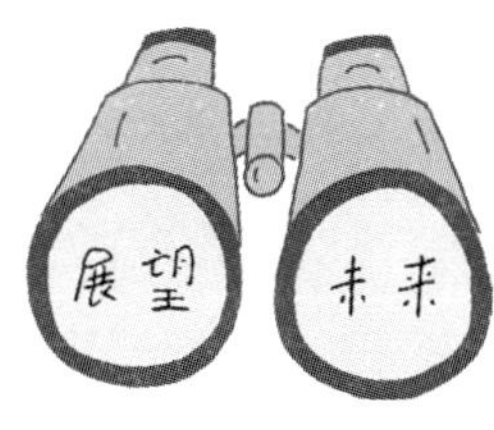

不论你身处何种行业或企业，都要问一问以下这些与业务相关的问题，并且想想你能做些什么从而实现积极的改变。

- 5 年后人们还需要我们的产品和服务吗?
- 我们的业务如何继续紧随时代步伐?
- 我们如何创建未来?

让工作为你服务

即使你不看重传统职业的传统好处：稳定的收入、福利、一定程度的安全感，很多职业也不是你能单打独斗去追求的。你在前一章听说的消防员谢利·蕾·瓦雷拉就是个很好的例子。无论你多拼命，也不可能做一名单打独斗的消防员。你要做的是胜任你的工作从而让它为你服务，而你也许会在这个过程中成为一名更优秀的员工。

基娅拉·科基恩（Chiara Cokieng）在菲律宾长大，她一直想独自做些事情。她环顾四周，发现在普通人还在靠在市场卖东西或开吉普车谋生时，微型企业家已经在用新颖的方式挣钱，这种生活方式吸引了她。她天生具有企业家精神，早在小学的时候就发现了她的第一次商机，成为一名年轻的弹珠经销商。基娅拉意识到她可以大量采购弹珠，一颗仅需 1 比索（菲律宾的货币单位），然后以 5 比索的价格出售，从中赚取差价作为利润。

她从菲律宾大学的知名专业毕业之后，去了一家全球咨询公司工作，对该国精英毕业生来说，这是靠谱的职业路径。这份工作很有趣，让她有机会去美国待了几个月。她的工作在亚特兰大，她利用周末去了旧金山、纽约和其他城市。这份工作刚开始挺有意思，但是她发现在周日或周一晚上飞回客户的办公室时，其他咨询师经常还在做那个星期的工作。在她看来，他们中的很多人都很悲惨，她觉得这份工作不是她想长期做下去的。

基娅拉一直在研究自己打算推出的新型文案业务并制订了计划，一旦她回到菲律宾，就采取行动。出于自信，她提前写了一篇相当乐观的博文，名为《我是如何辞职并做到收入翻倍的》。唯一的问题是，第二部分根本没实现。她的文案业务没有失败，她立刻得到了一些客户并开始创建线上粉丝群，但这不是她梦寐以求的瞬间成功。

她在联系一位导师寻求建议之后，发现了更好的事情。这位导师成立了一家有趣的公司，有别于她之前工作过的大型咨询机构，但绝对比她自己开的小铺子大得多。突然之间，她知道自己想要帮他发展业务，既能让公司本身获得成功，又能为她下一次创业做准备。“我想帮你做些事情，”她跟导师说，“如果成功了，也许你会雇用我。”“好，”他说，“但你要做什么？”

心血来潮之下，基娅拉说她有办法改进这家公司的网站分析。至于她如何去做，那就是个边学边做的过程了。她的初始目标源自网上一本关于分析的书，她迅速学习，然后在没有正式批准，也没有口头保证说她做完这件事情就可以有一份工作的情况下就去做了。她赌赢了。不久之后，这家公司的创始人为她设立了一个全职岗位，工作时间完全自由。

两年后，她继续为这家创业公司工作，但她也在关注下一次业务迭代。从长远来看，她想实现两个目标：帮助公司实现规模经济以及回归她自己的商业理念。

出示概念证明

当你让自己成为老板或雇主不可或缺的员工时，你如何说服上司让你将现有的工作变成命中注定的职业呢？基娅拉的策略是展示“概念证明”：她直接通过行动来向潜在雇主展示自己能做什么，还将这种证明与她能够带来的价值直接联系在了一起。

她并未征求许可，甚至没有等到自己被正式录用。但她积极投入，证明了她能给公司带来的价值，而这个方法奏效了。无论你是想被理想雇主雇用，还是想转变当前工作的职责，这种策略都有效。如果你能证明某些事情非你不可，为什么你的老板或雇主会不让你去做呢？

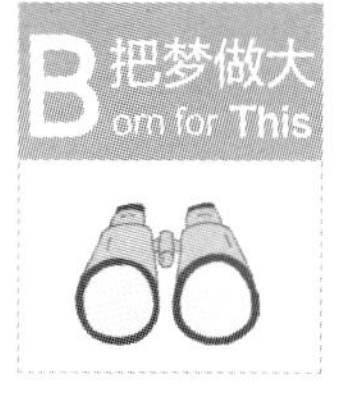

成为合适的英雄

我在西非多哥（Togo）这个小国家生活过。我当时住在首都洛美（Lome）的一艘医疗船上，并加入了一个团队，该团队在北边 3 小时车程远的村庄有一个教育项目。

洛丽是我们的团队成员之一，工作日需要待在村庄，但周末不用。因为我们有很多项目都要用车，所以不能专门给她分配一辆车。她本可以周末的时候待在村庄，但几天后，乡村生活就没了新鲜感。那该怎么办？

我主动提出，只要她需要，我可以接送她，问题就会解决。

这样的话，其他人能在工作日用车，而她也不用在村庄额外待那么多天。

另一个同事听说了我的主意，说道：“你疯了！你不能连着3个月，每周2次来回开6小时的车。”

但我就这么做了，这并没有那么难。我要做的只是开车。

一周又一周，我驾驶一辆路虎向北开3小时，把洛丽放下，然后独自开车返回。在周四，我会再次开车去接上她，然后我们一起回到船上。

这对我而言再简单不过了：有些事需要做，而我找不到别的办法，所以我就自己做。

我是个英雄吗？在某种程度上，我能帮上忙，并且我的本意是好的，但回想起来，这可能不是最明智的决定。我帮了她，就不能在那些时间帮助别人。我的一些常规工作被搁置，并且因为往返6小时后我总是很疲劳，工作效率也受到了影响。

当然，偶尔开几次车还不错，因为能够支持你的团队并成为自告奋勇的第一人总是好的。但也许我不该每次都接送她，而应该想想别的办法。我本可以招募其他志愿者，这样我们能够分担工作；我还可以募集资金租一辆车并且雇个司机，这样我们都不需要从其他重要工作中抽出6个小时。

你当然希望变得可靠和无可取代。不过，真正的英雄能够顾全大局，想出对每个人都有益的解决办法。

“嘿，老板，让我们谈谈当务之急：你的还有我的”

变得无可取代很棒，但随之而来的是一个重大挑战。一旦你成了值得信赖、有价值的员工，你的老板可能就会开始想让你承担越来越多的工作。所以当你需要承担另一个项目或职责时，最好让你的同事和老板事先知道你已经在履行的其他职责，然后请他们再做考虑。

用“让我来帮助你”这样的方式组织对话是最好的。你的老板或同事也许不知道你正在做的每件事，所以要确保你有备而来。这儿有一个不错的开场白：“我现在正在做一些其他高优先级的项目。这些优先事项中，哪一项对你最重要？”

你还可以争取额外资源来把工作做好。试试这个方法：“好的，我知道这很重要，但我手头还有一堆别的事情。如果让我去做这件事情，我需要这些东西。”

最后一点，用让他人参与的方式指出你承担工作的可能性。以下说法也许会派上用场：“你是想让我自己完成整个任务，还是我应该找到一种工作方式，以便今后可以让他人接手？”

最终，只有当你不为帮不上一点忙而担忧时，你才能真正成为一名无可取代的员工。在你自告奋勇做别的事情之前，要确保你能出色完成当前的每件事。

再忙也要休年假

有时，你很清楚自己在当前岗位或公司的理想角色是什么，而其他时候你也许没有这么确定。那该怎么办？

休年假时，你会停下工作。给自己放个长假，可以彻底休息，也可以做些不同的事情。休年假是休整和充电的好方法，它可以让你精力充沛并迫不及待地返回工作岗位。它还是一个好机会，可以让你反思当前工作不适合自己的地方；让你获得一些新想法；也许还能让你做些试验，发现自己可以做哪些改变来将现有岗位变成命中注定的职业。例如，教授们经常休年假，以便专注于各自领域的学术研究和论文发表。传统年假通常是 1 ~ 3 个月或者更长，但如今很难做到这一点了。即便如此，有些人还是在想办法将长假纳入他们的工作中。

雷切尔·奥米拉（Rachael O'Meara）是谷歌的一名老员工，最近工作时有点费劲。她仍然相信公司的使命，工作环境也很好，但她需要休息。她向经理提出请求:“我能休 3 个月的无薪假吗？”这并不容易，但雷切尔解释说，她忠于谷歌并打算返回，只是需要先离开一段时间。经过与人事部门的讨论，她的请求被批准了，条件是她在离开之前培养新人。

休假期间，她故意没有安排任何大型活动。她和朋友及家人进行了一些短途旅行，然后搬进一个朋友在塔霍（Tahoe）的出租屋。她花时间减压并学完一系列在线课程，希望能找到自己热爱并且擅长的事情。在假期最后一周，她参加了火人节（Burning Man），这是在内华达州沙漠举行的艺术及文化年度盛会。一回到谷歌，她便承担了一个全新的角色：销售部的客户经理，她觉得自己神清气爽、充满活力。

在弗吉尼亚州亚历山德里亚（Alexandria），一家私人理财咨询公司有自己的非传统年假安排。理财公司 Motley Fool 有近 300 名员工，每个月会让一名员工“强制休假”。为与公司文化保持一致，这被称为“傻瓜差事”，每个月的幸运员工由抽签决定，老员工会根据他们的服务年限有更多机会被抽中。赢家有两周的假期和 1 000 美元的奖励，这些钱可以随便花，但有一条严格规定：这名员工必须马上离开，并且休假期间不能与公司联系。赢家也会被鼓励去做有益于公司整体使命的事情，即“帮助世界更好地投资”，除了不能查收工作邮件和召开电话会议，没有其他限制。

你也许享受不到这么大方、灵活的奖励，但这个故事也许能启发你在公司提出一个类似方案。你是否有自己想做的“傻瓜差事”？如果不可能有两周时间去做，你能不能只请一天假去干点别的事呢？

最后，如果现在外出休年假对你来说不可能，就可以考虑在公司内部休假，你可以尝试另一个岗位或另一套职责。你可以申请跟随其他岗位的同事学习，甚至尝试得到许可，到另一个部门或科室待一周。在这段时间，你将会知道其他部门或岗位的工作如何进行，这也许会激发你的创意，将其运用到自己的工作中。

你为公司奉献的价值越多，就越容易达成对你有利的安排。对你的老板来说，你有一段时间不在公司会很麻烦，但如果你提醒他，你会精力充沛地回来，并且比以往更加无可取代，那么一位明智的老板就会意识到，你的提议对大家来说是双赢。

利昂、雷切尔等人成了无可取代的员工，他们能够将工作变成满足自己快乐、金钱和心流理想组合的职位。他们还为自己营造了更多的职业保障，无论是在当前工作中，还是在其他岗位上。

只做一名员工没有错，尤其在你能让工作为自己服务时。

11

做个 DIY 明星

目标

建立忠实粉丝群

有些人看了我的简历，然后发现一片混乱。我父亲最好的朋友早前说过，他不会雇用我，因为我跳槽太过频繁。但对我而言，这完全合理。我根本不适合公司体制或朝九晚五的工作。通过开创自己的事业，我能够发展壮大，我相信这可以让我更好地为他人和自己服务。

利亚

44 岁，独立品牌顾问

在艺术家中曾经有句话，说的是他们的成功取决于粉丝。然而，如今当红的音乐家、艺术家和作家都明白，他们的成功不仅取决于粉丝，而且取决于他们与粉丝之间的关系。下面介绍如何在世界新秩序下，通过建立忠实粉丝群来创造性地成为一名独立的摇滚明星，当然不包括皮裤①。

小时候，我曾经玩过音乐。我玩过很多乐器，并总想要学新技能，贝斯和钢琴是我的最爱。我弹得相当好，和乐队一起演奏的时候，我会试着配合其他人做一个好的倾听者。我学习识谱和即兴创作，在音乐领域，这两种技能并不总能一起发展。当乐队指挥打电话叫我演出的时候，我还算靠得住。

然而，我并不出色。正如我不得不承认自己永远无法成为职业篮球运动员一样，我也得接受这个事实：短期内，凯蒂·佩里（Katy Perry）不会找我

① 皮裤指的是成为摇滚明星需要的服饰包装，作者的意思是不要只看到表面工作，而是要着眼于做重要的事情，后文会有详细阐述。——译者注

和她一起录音。但最终，我意识到，我梦想成为的摇滚明星并不是整日待在无窗的录音棚里录音的那种。我真正想要的是巡回演出，我想在路上。我一直热爱旅行，甚至在我打算周游世界之前就热爱着。我喜欢这种一座城市接一座城市、一站接一站表演的主意，我可以白天领略不同的风光，晚上对着人群表演。

我不需要追星族或成碗的巧克力豆，也不需要有多光彩夺目。我只想在不同的地方和人们交流，我被这种风景不断变换的生活方式吸引。

当我开始写作，我放弃了音乐，但一件趣事发生了：我实际上得到了最初想要的所有东西。虽然凯蒂·佩里从未找过我，但我找到了通往命中注定的工作之路，它只是和我最初预期的方式不一样。

279 天到一夜成名

在过去 7 年，我靠当自由作家谋生。我将这段经历的第一年记录在一个在线宣言中，即“279 天到一夜成名”。正如我当时所说，这是一个以作家身份创造新的全职收入的故事，我的网站没有任何广告或赞助。很多早期的故事至今仍有意义，在下载量超过 200 万之后，这些故事在我的网站上依旧可以免费下载。

“279 天”宣言并不算什么巅峰，它只是一个时间表，记录了迄今为止我在旅途中发生的事情。自我写下最初的故事开始，这段旅程持续了很长时间，因为我一年之内去了至少 20 个国家。途中，我会记录我的冒险经历，无论去哪儿都会和更多读者和有趣的人交流。我当时写道，我很兴奋能够靠自由写作过上体面的生活，这是真的，但我更兴奋的是写书和旅程的“下一章”。

快进至2010年，我准备出版自己的第一本书。那时，我已经旅行了很多年，博客阅读量每周都在增加。我知道，只有通过加强我与读者的联系，这个成长中的社群才会发展壮大。所以我决定，在全美50个州及加拿大10个省的自主旅行中，尽可能地和读者们见面。我还加了两三个其他地点，总计63个。我呼吁读者们帮忙组织一次“非常规的巡回书展”。

巡回书展大获成功。一路走来，我遇到很多人，他们带着有趣的故事到场，有时需要开好几个小时的车来参加书展。在每个地方，我会做一个简短的发言，然后解答问题，但我试着让大部分活动较少地聚焦在书上，更多地去关注人。

我和读者们在各种地方聚会，有普拉提健身工作室、咖啡馆、比萨店、家庭旅馆、美术馆、农场、重金属音乐厅、公司办公楼和很多共享办公空间。

最怪异的一次是在明尼阿波利斯（Minneapolis）市中心的一家杂货店。这个地方没有最初听起来那么古怪，杂货店是社区复兴活动的一部分，四周是很多有趣的民族特产商店。不过，它仍然是一家杂货店，里面声音嘈杂，舞台搭在冷冻食物区对面。附近的顾客过来买牛奶，不知道发生了什么，他们和参加活动的读者混在一起。偶尔，一则公告会通过扬声器传过来，打断我的发言：“女士们、先生们，面包房的蛋糕买一送一，花椰菜也有特价！”从那以后，我下定决心：再也不去杂货店办活动了。

但我不断尝试，尽我所能去宣传我的书并支持不断成长的社群。我知道只要我一直写，创作出人们足够重视、愿意购买的作品，我就永远不会被解雇，并且可以随时旅行。即使没有成碗的巧克力豆，我也感觉已经发现了自己内心的摇滚明星。

新经济中成功者的 4 个特点

在“过去”，想要成为一名成功的音乐家，你必须被把关的人选中或认可，把关人通常是唱片公司。作家也一样：想要成功，你的主要目标是说服出版社在你身上冒险。类似地，视觉艺术家需要美术馆，电台主持人需要电台。

换句话说，只有才华是不够的。即使你能证明自己可以给观众提供有价值的东西，你仍然需要依靠掌权者帮你抵达观众。

不过，时代已经不同了。如今，像 Instagram 和 Twitter 这样的媒体使人更容易与粉丝沟通、联系，越来越多的人正在为自己靠粉丝支持的独立事业开拓空间。独立音乐人经常选择单干，即使他们有机会与唱片公司签约。有的人只通过亚马逊 Kindle 平台，有时甚至直接通过他们自己的网站就卖出了成千上万册图书，传统出版商竞相与这些作家签约。

如今当红的音乐家、艺术家和作家都明白，他们的成功不仅取决于粉丝，而且取决于和粉丝之间的关系。我可以给你们讲好几天的成功故事，我最喜欢的是以下几个。

- 小说家罗宾·斯隆（Robin Sloan）自费出版了一篇小说，被成千上万的热心读者接受之后，它成了畅销书。
- 独立乐队 Pomplamoose 在 YouTube 视频网站获得了上百万的点击量，然后自主制作了 28 个城市的巡回演出，后面有更多关于他们的故事。
- 美籍法裔画家格温·西迈尔（Gwenn Seemel）免费发布了她所有的作品，但依然可以通过她专攻的肖像画谋生。

我们可以从这些例子中学到很多，但有一点特别重要：在创造性和艺术性的追求方面，成功从来不能直接复制。

然而，如果你想追求类似的成功，理解这些成功故事的共性也很重要。几乎毫无例外的是，那些在新经济中成功的人都有 4 个特点：一套作品、一群粉丝、一种分享作品的方式和一种获取报酬的方法。简而言之，也就是产品、受众、平台和金钱。

产品

每位艺术家都有作品集，里面是他制作出来供他人欣赏的一组作品。这无须是传统意义上的“艺术”，它可以包括很多东西，如绘画、播客、论文、教育资源、可下载的单曲、相册、手工珠宝、品牌商品、有趣的猫的照片……所有事物都有市场。**所有成功的艺术家都知道，最重要的是专注于拓展他的作品。**

受众

再出色的作品集离开粉丝就一文不值，粉丝是欣赏和支持艺术家作品的人。粉丝的支持很关键。有抱负的艺术家们经常在吸收粉丝方面感到困扰，并很容易变得沮丧。吸收粉丝不是一个简单的过程，你不可能冲到粉丝商店然后挑上 12 包。它需要耐心、坚持、真诚和双向管理。**最受欢迎的艺术家是那些和粉丝交流而不是一味灌输的人。**

久而久之，如果你能始终真诚地同那些欣赏你的作品并在某种程度上想要参与其中的人沟通交流，你将获得并保持一群忠实的粉丝、传播者和大使。他们不仅会津津有味地欣赏你的作品，而且会热心地传播给其他人。

平台

要做到以上这些，你需要一个平台，一种定期或不定期与粉丝联系的途径。如今，“平台”往往指的是对社交媒体动向的主动跟踪、邮箱地址或其他通信名单。但这种对新科技的关注不应该被认为是全部。很久以前，在社交媒体出现前的几十年，很多聪明的艺术家、作家和音乐家仍然有平台。**另一种看待平台的方式就是，将它看成一种与关心你作品的人接触的方法。方法不止一种，但你不能彻底跳过这个要求。**

市场

成功的 DIY 摇滚明星有办法让歌迷出钱支持他们的作品，这很关键。同样，有很多办法可以获得收入，但如果你志在将其作为职业规划而不是爱好，不管怎样，你需要创造出至少一种让钱源源不断流入银行账户的方法。

获得收入最简单普遍的做法就是，将作品直接卖给粉丝和其他感兴趣的人。然而，有人找到了更新颖的解决方案。例如，音乐家、表演艺术家阿曼达·帕尔默（Amanda Palmer）出名的原因之一是她在众筹活动中为新专辑募集了100多万美元。她认为，这些年努力同粉丝建立起来的关系是众筹活动成功的最重要因素，如果不是因为粉丝群的影响力，这个活动绝不会顺利进行。

这4个条件缺一不可，你要全部满足才能在新经济中获得成功。发现某个名人虽然忽略上述某个要求但仍然成名，这会很有意思，但那些是极少数的例外。如果你希望效仿成功案例，就需要满足全部的4个条件。

创造人们可以购买的东西

粉丝会用不同的方式和你联系，因为他们想要支持自己关心的人。不过，如果你的目标是谋生，很显然你就需要创造出他们可以购买的东西。自己想创造什么东西对有些人是显而易见的。如果你是音乐家，就创作音乐；如果你是画家，就绘画。

不过有时候，身为艺术家，想要赚取真正适当的收入，就必须提供更多东西。在我专注全职写作和支持社群的7年时间里，我创造了各种各样人们可以消费并且购买的产品。当然，并非所有产品都进展顺利，不过这是另一回事了。我的部分产品清单包括：

- 传统出版物，比如你正在读的这本书；
- 自费出版的图书、指南和报告；
- “解密旅行”会员网站，在网站上我帮助读者累积飞行里程、环游世界；
- 长达一年的营销课程；
- 各种其他在线课程；

- 与旅游供应商和企业家资源的合作关系；
- 现场活动（虽然就我而言，大部分活动往往是非营利的）；
- 一些我已经忘了或最好不说的事情。再说一次，并非事事都行得通！

我还要声明一点：这个清单看上去也许像是某种旨在发财的恶魔计划，但它真不是。当我尝试关注社群需求以及这些需求如何同我能提供的产品产生交集时，每一条就会自然出现并随着时间推移不断发展。在构建完整的产品和服务销售“漏斗”方面，我知道其他一些作家比我更积极。我只有一位助理，并且我倾向于花更多时间写作和旅行，所以有很多对他人来说也许很完美的机会我没有去做。例如，我不提供辅导或咨询服务，并且没有赞助商和广告商。

这只是成为一名 DIY 摇滚明星的好处之一：你可以选择自己的商业模式。对于那些彻底失败的产品，也有一定的时间和空间留给它们。有时候，为了更伟大的长期目标，短期亏损是值得的。

放长线，钓大鱼

第一次巡回书展时，我去了美国各州和加拿大各省，结果亏了钱。前面提到的 Pomplamoose 乐队的独立音乐巡回表演也一样，乐队花了 147 802 美元，收入 135 983 美元，净损失为 11 819 美元。如果你认为即使对艺术家来说，亏损也并非最优目标，那么你是对的。但这两段经历说明，成功取决于长期价值，而不只是短期得失。

以下是 Pomplamoose 乐队联合主唱杰克·康特（Jack Conte）的观点：

> 我们知道这会是一次烧钱的尝试，但我们仍然选择进行投资。

我们本可以与别人搭档表演，而不是雇6个人和我们一起巡回演出。这样能给我们节省50 000美元，但在Pomplamoose音乐生涯的这个阶段，能够上演一场疯狂的摇滚秀很重要。我们希望能被再次邀请回到每个表演场地，并且希望粉丝下次带他们的朋友一起来。当前的损失是对未来巡回演出的投资。

从长远角度看会怎样？我对于自己的第一次大型巡回书展也是同样的感觉。对于那次经历，我的账目没有杰克那么详细，我当年换专业是有原因的；但我尽力回想后估算，花费大约是30 000美元，并且因为所有活动都是免费的，所以没有直接收入。

不过，这并不是真正的损失，不管是在读者群的长期建设中还是业务的短期增长中。与Pomplamoose一样，我相信这是对构建社群的投资，而不只是一次性的花费。[①]

始终专注于做重要的事

我每年至少都会去一次迪拜，这是我一直很喜欢去的地方。但关于这个地方，有一件事总是让我感到困惑。我去过很多漂亮的餐馆，里面摆放着华丽的餐具，有热心的服务人员，然而顾客很少，有时一个人都没有。那些餐馆投入这么多时间和精力为用餐者提供特别的体验，可是用餐者并未光顾。那么，为什么这些餐馆老板还继续这样做呢？这是另一本书的主题，但如果处于相反的情形则要好得多：并非所有东西都是闪亮和完美的，你也没有注

① 这里需要补充一点，我认为你不应该在副业或试验中进行这种投资。如果你不是全身心投入到项目中，那就省下你的钱吧。当你坚信某些事件甚至愿意为其牺牲一切时，才是你去投资的时候。

意到所有细节，但你正在为越来越多愿意光顾的人做一些你认为对的事情。

当用餐者爱上一家新餐馆，那么餐具摆放是否有缺陷或用餐者是否要排一个小时队并不重要，因为你可以一边做一边改善。真正重要的是顾客（粉丝）到场。

换句话说，如果你做对了几件大事，做错很多小事的后果就不那么严重了。不要把全部注意力放在成为摇滚明星的表面工作上。相反，你要专注于做重要的事情，专注于同那些能理解你的人交流。

职业重塑者

每次在机场过安检，贾森（Jason）都有一个问题：他应该用哪个身份？他在买机票的时候必须记住这一点，因为那关系到他提供的是哪一个姓氏。

这听起来很可疑，但贾森不是一名罪犯，他只是拍卖了他的姓氏权。有一整年，他是 Jason HeadsetsDotCom，这是一个真实、合法的姓名，但很显然不是他的父母取的。然后，那之后的另一年，他是 Jason SurfrApp，这是另一个在大部分出生证明上都不会出现的名字。这是怎么回事？如你所料，这里面有个故事。

大部分成年人如果不带上配偶的姓氏，就会一直用出生时被取的姓氏。然而，贾森在短短几年内合法地换了 3 次姓氏。他时刻准备着做疯狂的尝试。贾森在佛罗里达读完大学以后，在一家无聊的公司做了几年平面设计师。当他看到不计其数的公司努力将它们的信息散布出去时，有了一个主意：如果他作为自由广告人为任何愿意出价的公司提供服务会怎样呢？他将这个理念称作“我穿你衣”，顾名思义，整整一年里，贾森每天会穿上不同公司的

T 恤，并在社交媒体上积极推广。

2009 年 1 月 1 日，这个项目开始了。第一天的 T 恤开价 1 美元，第二天 2 美元,以此类推。直到这年的最后一天,价格到了 365 美元。消息传开后，很多公司提前预订了时间，下一年的开价会更高。近 5 年时间里，贾森继续做项目，穿了几千件 T 恤，推广的品牌从无人知晓的小公司到像耐克和日产这样的大公司。项目进展很顺利，第一年创收 80 000 美元，后面 4 年更多，但接下来他要做什么呢？贾森不想在余生的每一天都穿着赞助 T 恤，就在那时，他忽然想到另一个好主意：拍卖他的姓氏。

首先，让我来介绍一些背景信息。贾森的成长过程中没有一个稳定的父亲，一连串的继父留给他各种姓氏，这其中没有一个能让他特别有归属感。他想，如果不喜欢自己的名字，为什么不换一个新的呢？

作为一名疯狂的营销者，贾森决定将他的姓氏换成出价最高者想要的。他推出了一个新网站：BuyMyLastName.com（买我的姓氏），并举行线上拍卖。赢家是 Headsets.com，一家曾自己搞过古怪营销的创业公司。“我们曾为那些将公司名字文在身上的人终身提供免费耳机，”公司 CEO 说，“所以这似乎是一件自然而然的事。”

Headsets.com 付了 45 500 美元，让贾森变成 Jason HeadsetsDotCom。尽管听起来很滑稽，但贾森合法地换了姓氏，更新了他的身份证件和所有正式文件。在当今这个时代，这些更新还包括社交媒体账号，每天会有几千人通过社交媒体和他互动。

一年后他重复了这个试验，将姓氏以 50 000 美元出售给另一家创业公司 SurfrApp，人们在该公司网站上记录并共享他们的冲浪经历。

我以前就听说过贾森的古怪举动，但我开始更多关注他是当他写的一本书《销售创意》（*Creativity for Sale*）出现在我的书桌上时。这本书的计划借助于他的其他广告活动：当他想写一本书时，他卖出了价值 75 000 美元的赞助广告，其中包括每页的不同设计。作为一本 224 页、每页都有一条脚注广告的书，这本回忆录兼实操手册相当有趣。

不管他的姓氏是萨德勒（Sadler）、HeadsetsDotCom、SurfrApp 还是祖克（Zook）（他最终决定用一位曾祖父的姓氏作为余生的姓氏），我都为贾森身上一连串的想法和项目着迷。如今，你可能每周都会听到与贾森一样的项目，但你通常不会从同一个人身上听到一个又一个项目。

贯穿贾森工作的主题就是“机遇碰上行动”，写这本书时，在这个方面我想了很多。贾森所有的古怪主意都是被他人忽略，但他却决定切实抓住的机遇。任何一个想法都很有趣，但让贾森长期获得成功的是灵感和将灵感拓展的能力。并且，这些想法不仅有创意，而且提供了别人想要的服务。

本地还是全球

德里克·西弗斯（Derek Sivers）是另一位 DIY 摇滚明星，他靠一种极不寻常的策略创建了数百万美元的零售业务。这个策略就是，客户来电时接电话。后来他卖掉了生意，在做大量其他尝试之前，他将大部分利润捐给了一家基金会。

在他游历生涯的某一时期，他住在新加坡，当时他在创建一个新网站。德里克发表过很多著名的 TED 演讲，在满怀抱负的创业者中小有名气，几乎每天他都能收到喝咖啡、吃午饭或喝酒的邀请。他尽可能地接受这些邀请，并且通常很享受这些会面。但很快，他意识到它们引发了一个问题。他花了太多时

> 间喝酒、吃饭，所以没有时间开展新业务，那是一项可以服务全球几千观众的业务。他意识到自己面临一个选择，而这个问题并非只有他一个人碰到。
>
> 以下是他的原话：
>
> > 你可以选择将时间花在本地区还是全球。但如果你过于投入本地区，在全球方面就会投入不足，反之亦然。
> >
> > 如果你着眼本地区，那么你可能就要忙于社交，亲自做很多事情，并成为社区的一员。但这意味着你将没有太多时间集中在为全世界创造东西上。
> >
> > 如果你着眼全球，那么你就会希望专注于创造能够通过分销影响全世界的东西。但这意味着你将没有太多时间成为当地社区的一员。
> >
> > 两者之间没有对错，但你需要意识到自己正在做出的选择。
>
> 在我的工作中，我试着兼顾全球和本地影响，但更偏向于全球，不过我完全理解德里克的意思。没有人能够同时全心投入两个领域，因此弄清楚对你最关键的事情很重要。

贾森的故事表明，单枪匹马在很多创造性的尝试中获得成功是有可能的。作为一名当代艺术家，无论这门艺术是音乐、写作、食物、摄影、舞蹈、绘画还是别的，你都可以通过与粉丝直接联系开创一番事业。不仅如此，你还能靠它过上好日子，尤其当你除了核心的创造性工作收入，还有很多其他收入来源时。

这样做最棒的一点在于，没有人可以拿走它。毕竟，如果业务全部靠粉丝和读者支持，你就不会被解雇。并且，正如 Pomplamoose 和其他一些独立艺术家告诉你的那样，人生中没有多少事会比从创造并同全世界分享中获得报酬更有意义了。

当然，你还是得买自己的皮裤。

12

开启斜杠人生

目标

做一切你想做的事

这是所有我喜欢的事情的完美交集。

理查德
33 岁，针灸师

人生路上，你会听到一些可怕的建议：你必须选择一种职业。其实，你可以放心地将这条建议放到桌子下面的碎纸机里。在你的职业生涯中，也许有那么一天，你需要并且想要专注于一件事情；但在此之前，你可以围绕自己的爱好和兴趣打造命中注定的工作。

当我和一名来自洛杉矶的49岁主编德温·加杜雷特（Devin Gadulet）谈话时，他告诫我说他的职业生涯会很难解释。在过去30年间，他开过一家古董店，做过职业扑克牌玩家，在电影业工作过，涉足过房地产，并且在博客普及的5年前就开始写旅行博客。他还有一项相当独特的副业：和同一个女人结100次婚，并尽可能在不同地方进行。

他提前告诫我是对的。尽管我做了大量笔记，但要跟上所有这些经历还是很难，因此我换了一种方法："在你8岁的时候，你希望自己长大后成为什么样的人？"

对于这个问题，人们经常给出很有趣的答案。就德温而言，他立即回复说："我想成为道奇队（the Dodgers，洛杉矶棒球队）的一垒手。"但是，棒球梦在他12岁的时候破灭了，当时他很遗憾地发现，自己天生不是运动的料。

在初中、高中和大专时期，他不再想棒球的事，开始奔波于各种各样的项目、工作和投资中。他开过一个汽水摊，这是经典的创业切入点。他卖过漫画书，还做过有偿家教。

当他成年并继续从事各种投资和项目时，这种精力和抱负一直伴随着他。父母离婚后，他父亲把家族古董店留给了他。德温接管了古董店，以经典的"低买高卖"为经营目标。他学会了如何给古董定价，并练就了从一屋子假货中识别稀有珍品的好眼力。这在刚开始很有趣，但后来他的兴趣转移了，然后在电影行业得到了第一份工作，接着换了下一个，然后是另一个。

几年后，在另一段过渡期，他创建了世界上最早的旅行博客之一，并宣布了要周游世界的目标。那时很少有人了解线上媒体这个新大陆，因此德温给了自己主编的头衔，但他还是资深作家、文字编辑、网页设计师、技术支持和"包办一切的人"。博客的成功让他得以接触旅游业，随之而来的还有摄影器材赞助和免费周游世界的邀请。

当他讲述这段跌宕起伏的独特职业生涯时，德温说他换工作的过程既是一条职业道路，也是一条修行之路。他告诉我："那时，一切都像是闹剧。我只是穿过了一扇扇敞开的门。我做过一阵子销售，反复拨打电话……现在我做不到了，但我一点都不后悔。有些工作必须做过，我才能成为现在的样子。"

他继续说道："我认为我做得好的地方在于，我有年轻人的天真，并且比大部分人都保持得更长久。"他不害怕尝试不同的事情，或者至少如果他害怕，他也不会让恐惧阻止他。

我喜欢德温的故事，并且我越是追问他一路上如何做出不同选择，他就越要回归他所信赖的精神和哲学视角。"当你处于真空中，"他说，"你并不总是知道自己想要什么或什么是最好的。你可以权衡利弊，但那并不适用于每个人或每种环境。"

他提到一句从朋友处听到的话："你有一种被误导的观点，即你的想法会让你快乐。"在生命中的这个阶段，德温正从被他称为一系列"不成功"的事情或并未如他希冀的那样成功的投资中振作起来。这些死胡同导致了他认知上的转变。他认为，与其从外界寻找快乐，不如接受生活本来的样子，要始终追求进步但不能沉溺于追名逐利。

如今他继续从事旅游网站的工作，应旅游局的请求，该网站免费提供许多旅游机会。他时不时还在房地产行业工作，并一直在写一本书。哦，他还找到了让他真正快乐的事情。两年前，德温和他的妻子摩根娜·蕾（Morgana Rae）结婚，她是一名有着各种职业经历的企业家。几个月后，他们因为德温的工作去了墨西哥。心血来潮之下，德温在散步时问她："嘿，想再结一次婚吗？"

她说好，然后他们在巴亚尔塔港（Puerto Vallarta）举行了第二次婚礼。在那之后，这成了一项任务：在世界各地结 100 次婚。我们交谈之时，德温和摩根娜已经在圣马力诺（San Marino）、克罗地亚、土耳其等地完成了 12 次婚礼。

德温能够围绕很多不同的兴趣开展事业与生活。有悖于传统建议的是，他不需要只选择一件事情。相反，他选了很多事情，并且对他而言，这是他命中注定的工作。

开始生活

很多年前，在纽约的第一次签售会上，我看着人们排队来和我握手以及打招呼。最前面的一人走近后，问了一个我永远不会忘记的问题。她说：“嘿，我不想占用你太多时间，所以我只有一个问题。我这一生该做些什么？”

我笑了，并试图想出一些有用的答案，但我不知道该说什么。

在这个问题上，我们都面临着巨大的压力。正如我们在本书中看到的那样，大部分人并不能马上知道最佳答案，并且他们在前进过程中经常改变答案。但这并不意味着没有答案。我们这本书的目标不一定是明天就能想出答案，而是开发出工具让你最终找到答案，无论要花多长时间。**有时候，找到我们命中注定的工作可能包括：拒绝选择单一的职业路径。**即使我们不可能做每件事，我们中的一些人也想做不止一件事。

一路走来，我们大多数人会听到一些可怕的建议：为了生存，你必须选择一种职业。你必须排除其他一切，只关注一件事情，或者你被告知，没有同时做很多事情或拥有一个以上职业兴趣的余地。其实，你可以放心地将这条建议放到桌子下面的碎纸机里。在你的职业生涯中，也许有那么一天，你需要并且想要专注于一件事情。但在此之前，你可以围绕自己的爱好和兴趣打造生活，并仍然可以成功。

此一时，彼一时

让我们回顾一下德温的故事。有一段时间他经营古董店，后来在各种电影制作岗位上工作，接着开始写旅行博客。有些时候，他的各种工作是重叠的，而其他时候他专职追求单一的兴趣。生活是周期性的，在他和我们的旅途中，有时需要探索和试验，有时则需要专注。

考虑一下我们每个人都要经历的一般生命周期。当我们长大，我们做出选择，一些是永久性的，我们不能回头，一些是灵活的，我们以后可以改变主意。我们的生活在大大小小的方面发生着改变：我们发展关系，选择一位长期伴侣，会有孩子，最终总是会变老。当然，许多生命周期不会如此平坦。一些人经历了坎坷的一生，有很多其他意料之内和意料之外的变故。我们学会适应沿途发生的事情，但适应是迫不得已的。我们无法控制生命中发生的大部分事情，就像我们无法选择不老。

正如我们必须适应贯穿生命周期的各种变化，我们也必须适应贯穿工作周期的各种变化。在职业生涯中，也许有些时候，一份稳定、传统的朝九晚五的工作最适合我们当时的境况，或是因为我们要抚养孩子、照顾年迈的父母；或是因为有其他义务，不允许我们有其他选择，比如将积蓄耗在一个新的商业创意上或作为“个体企业家”去冒险。而其他时候，我们也许处于人生中这样一个阶段：我们更愿意并且能够追求我们创业的野心或体验 1 ~ 2 项副业。同样地，人生中也会有这样的时候：某个目标或兴趣胜过一切。在这些时候，无论是写书、进入网络营销还是加入马戏团，那项追求将是我们唯一心心念念的事情。最后，也许有些时候，我们想把这些选择中的两个或几个同时拼凑在一起。

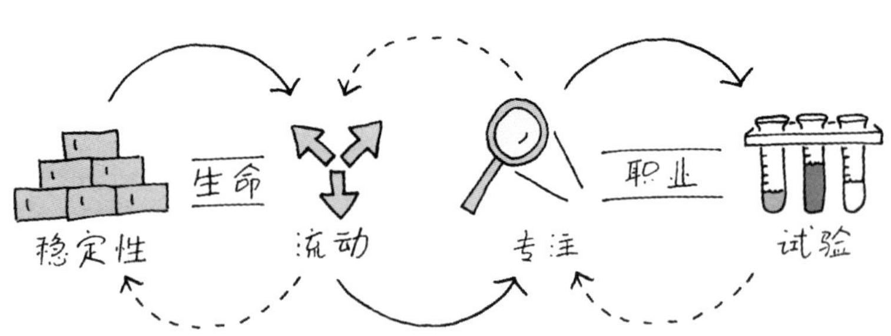

没有固定公式说职业生涯应该是什么样，我们都在一边行进一边创造。但是，从一种工作或兴趣跳到另一个，或一次做多件事，会很困难。不过，有个办法可以带你走过那条崎岖之路。它叫作“倒班”（workshifting）。

按自己的方式“倒班”

尽管我们都在时不时地尝试，但科学已经证明，一心多用的能力在很大程度上只是神话。我们都只有一个大脑，而大脑一次只能关注一项任务。①

倒班与一心多用不一样，它指的是处理多个项目和兴趣：**一段时间内，先将精力完全集中在某些事情上，然后人为地将精力完全转移到别的事情上。**你可以根据时间和日期、项目，或只是凭着直觉进行。

基于时间的倒班

一天做这个，另一天做那个；或者一个小时做项目 A，两个小时做项目 B。当你用日历法同时管理多项职责时，就是这样操作的。

埃隆·马斯克（Elon Musk）担任两大企业特斯拉汽车公司和太空探索技术公司（SpaceX）的 CEO。除此之外，他还定期在完全不相关的领域发布其他重大项目，制造出影响全世界的新闻。据说，他通过在不同办公室工作来划分时间，在把注意力转移到别的事情之前，要先处理大量的工作内容。

这听起来也许很可怕，但你不需要开一家汽车公司或进入太空，就能使

① 当你认为自己正在一心多用时，你实际上只是在任务之间来回切换，并且在切换过程中，你通常会损失一定的精力和处理时间。

用类似的倒班法。你需要的只是两个以上的项目，并且专注于你设计的调度方法。当然，在这些情况下，并非所有人都会干得不错，但有些人将会创造辉煌。

基于成果的倒班

我曾遇到一个人，在加拿大艾伯塔省（Alberta）经营繁忙的绿化生意。在春季和秋季，他很忙。在夏季，他更忙。但在冬季，气温常常降到零摄氏度以下，积雪覆盖了地面，他的生意陷入停滞。不过，这名园艺师有别的爱好。当他不用培植郁金香球茎，期盼着春天到来的最初迹象时，他写剧本。

这些不同的兴趣让季度时间表得以实施。

夏季：园艺，所有时间

冬季：几乎都是剧本写作，所有时间

春季和秋季：两者兼而有之

正如你不需要计划进入太空就能使用基于时间的倒班一样，你也不需要成为一名园艺师就能使用基于成果的倒班。各行各业的很多人用其他新颖的方式修改这个模型。例如，一名教师也许会在暑假享受应得的假期之后开展一项副业；一名成功争取到年假的公司职员也许会在暂停工作时写一本书。无论你的爱好是什么，有很多方法可以让这个模型为你服务。

直觉式倒班

我们大多数人不会像埃隆·马斯克那样精确地规划日程，也不会像加拿大园艺师那样有井然有序的季度性工作。如果大部分时间你都想做一堆事情，该怎么办？

如果你能像德温那样创造一个灵活的工作环境，也许就会更愿意根据直觉策划活动。当你考虑下一步做什么时，问自己“这样感觉如何”以及“接下来我想做什么”。

当然，你也可以使用这 3 种模型的组合。如果你的工作涉及对他人的承诺，我们大部分人往往都是如此，那么至少在部分时间你就需要根据基于时间的倒班法协调你的会议及其他约会。尽管关注你对特定任务的感受是明智的，但你也许并不总能做自己想做的事。有时无论你感觉如何，有些事情必须完成。多任务工作仍然存在，但你不应该始终试图做一堆事情，你的目的应该是在转移注意力做别的事情之前，完全专注于某些事情。

最后，要注意倒班并非对每个人都有效。对某些人来说，它是有用的、自由的。但对其他人，它会引起混乱。一如既往，请记住快乐 - 金钱 - 心流模型，做最适合你的事情。

你应该做什么

有个古老的故事，讲的是一名学生带着一个我们很多人都很熟悉的问题去找他的老师。“我有这么多想法，”学生说，“但我不知道哪一个最好。”

“这可能无关紧要，”老师说，“你只要挑一个去做。”

举棋不定经常比做出选择更糟糕。无论你喜欢与否，你在拒绝做出选择时，就已经决定什么都不做了。而做点事情或一些事情，哪怕它们到头来都是错的，总比什么都不做强，甚至在你感觉束手无策、犹豫不决时，你也必须找到办法采取行动并向前推进。

Born for This

倒班实践：在线社区经理

当凯莉·斯托克（Kelly Stocker）从圣母大学（University of Notre Dame）毕业，拿到信息技术专业和英语专业的双学位时，她不确定它能用来做什么，但她喜欢学科的融合。“我认为我们很可能很长时间都需要电脑，”她说，“并且我喜欢阅读。”

她在得克萨斯州麦卡伦（McAllen）长大，她的父亲在那里经营一家干洗店。在很小的时候，她得到一套化学仪器并想成为一名化学家。她为朋友们建造秘密俱乐部，最终决定去印第安纳州备受推崇的大学读书。

毕业以后她去欧洲旅行，她把旅行中的笔记上传到早期的在线社区。她通过一个叫世界青年旅舍（Hostel World）的网站预订所有住宿并很快成为它的忠实粉丝。从巴塞罗那到尼斯，她不会待在任何一个没有网络的地方，所以她写下了对所有经历的评论。

回到美国后，与大多数人一样，求职面试对凯莉而言并不是令人自在的事，尤其当他们刚刚大学毕业时。“你走进那些场合时会极其没有安全感，”她说，“比你年长很多的人通常坐在桌子另一边，他们对你那些可以被一眼看到的性格做出无声的判断，然后问‘你最大的缺点是什么’。”

最后，她在戴尔公司得到一份工作，就在她的家乡得克萨斯州，不过离她从小长大的小镇有 5 个小时的车程。这份工作很好，也很普通，但那是一个不错的地方，可以让你成长并获得一些宝贵的经验。与此同时，她在新故乡奥斯丁市发现了一个关于餐厅和夜生活的全新世界。她继续保持写评论的热情，并推送给朋友们，推荐他们尝试不同的地方。

正如你在本书其他故事中看到的那样，每一段看似随意的经历实际上都是重要过程的一部分。各种事件组合在一起，如遇到一位新朋友、收到一封转发邮件、碰上合适的聚会，导致凯莉离开戴尔去了 Yelp（美国著名商户点评网站）工作，这是一家著名的线上评论公司。这份工作很完美，原因很多。首先，凯莉实际上在毫无察觉的情况下，已经花了好几年时间为这份工作做准备。社区就是她的生命。她性格外向，喜欢与人接触。信息技术专业的学位在互联网公司很有用，但她在技术人员与非技术人员之间翻译概念的能力更有价值。其次就是那些她一直在写的评论。她清楚这个过程如何进行，哪些东西会让人们信任在线评论，以及如何从各方面着手来提供更好的体验。

新岗位的职责很完美，工作条件也是。这份工作要求凯莉身兼数职：作为“打地鼠”社区经理去鼓励新的评论者，同时要压制偶尔出现的恶意帖子和极度负面的抱怨者；作为业务开发经理招徕新公司做广告；每周还有几个晚上要充当会议策划。

她说，完成所有这些工作并且达到她为自己设定的高标准需要大量时间，最开始一周要 80 个小时。但是因为公司在奥斯丁没有办公室，所以凯莉可以在家或任何她想去的地方工作。她的职责很明确，并且可以按照她认为合适的方式完成。这种安排的意外收获就是，她做得越多，就越擅长，并且花费越来越少的时间就可以挣到同样的薪水。

Yelp 公司鼓励社区经理在本质上成为他们所负责城市的“荣誉市长”。在这个岗位工作的前两年，凯莉一直在工作，她见了几百个企业老板，组织了数不清的聚会和活动。这些关系网有着深远的意义。我们一小时的谈话临近结束时，凯莉说漏了嘴，说她同时有“其他工作”。我很好奇这是怎么办到的，我以为她的工作是全职的。

她在 Yelp 的工作的确是全职，薪水很可观，但在熟悉业务之后，她希望尝试别的事情。每周有几个早上，她会在广播电台做 DJ；她运用举办活动时磨炼出来的演讲能力，在一家区域性连锁影院做兼职，主持互动性的歌诵会；她还开始为当地一家每两周出版一次的报纸写专栏。她从哪里找到时间的？她给出了一个对很多在做自己热爱的事情的人来说很常见的回答：“这不在于我如何找到时间，而在于我为什么要找时间。如果你的动机足够强大，你总能找到时间。”

她做副业是因为它们能满足她不同的需求。由于她在全市的不懈努力，她已经真正成为一名荣誉市长，这对 Yelp 公司很有好处。所有这些努力不只是对她的雇主有益，对她自己也是有好处的。

凯莉热爱她的工作，同时她也为自己建立了品牌价值。她不只是一名伟大的社区经理，部分之和大于所有部分本身。

抛开剧本，更改默认选择

倒班和同时应付多个项目需要高度自律。通过事先简化选项和做决定，你将为成功做好更充分的准备。

行为经济学家一直运用这种方法，他们用来鼓励人们为退休多存钱的一个简单技巧就是个例子。这一切都与如何设置退休计划有关。如果退休计划被设置为自动从你的薪水中扣除资金，即“选择退出”，你更有可能接受更高的储蓄率。如果你必须采取额外步骤，主动做一些事去确保资金被扣除，即“选择加入”，储蓄率则会下跌。

你可以通过将这种思维方式运用到生活和工作中，强迫自己做出更积极的选择。你只需将你的行为变成选择退出，让明智或有利的决定成为默认的选择。

我的老朋友罗思教我如何运用“障碍”和“预先承诺”的概念做到这一点。障碍是阻止某些行为的东西，无论它是积极的还是消极的。例如，罗思喜欢骑自行车，但是当他搬到新公寓后，他将自行车放在车库，锁在汽车后面的架子边，这样取车就很麻烦。这不是什么难以逾越的问题，但这个小问题给积极的行为制造了一个障碍。

另一方面，我们可以将障碍用在对我们有利的事情上。罗思知道自己有个爱吃曲奇饼和冰激凌的毛病，如果甜食就在家里，他就会吃个不停。因此当他的体形变好并经常从车库取出自行车来骑时，他干脆不再在家中放甜食。偶尔他还会买曲奇饼，但只有在外出的时候买，并且一次只买一块。

预先承诺是障碍的逻辑延伸。预先承诺就是你事先创造条件来引发期望的行为或结果。明天早上想要锻炼？那就拿出你的运动服，今晚将它们放在床边。明天第一件事就是要完成那个工作项目？那就打开电脑上所有文件夹，并注销社交账号和其他浪费时间的事情。①

① 注销社交账号是打破拖延障碍的好方法，尤其如果你像我一样，永远记不住密码的话。

三层式项目看板

1953年，丰田汽车公司开始使用一种简化的跟踪系统来衡量公司汽车制造和其他项目的进度。大部分项目管理系统都非常复杂，其中有几百条项目和大量分布在不同时间表上的数据。这就是为什么说后来被称作看板的方法极其简单的原因。用这个方法时，员工只需了解3类项目：当前事项、待办事项和已完成事项。

- **当前事项**：你现在正在做的事情；
- **待办事项**：接下来要做的事情；
- **已完成事项**：你已经完成的事情。

如果你是一名倒班人员，就可以用这个简单的技巧来跟踪你的多个项目。在某些情况下，员工不被允许一次做多项工作，而看板会提醒人们做指定工作。现在甚至有电子看板，该工具被用在软件开发和其他领域中，但你也可以用一个简单的白板做一个看板放在办公室或卧室。你可以进一步简化这个术语，如下图所示：

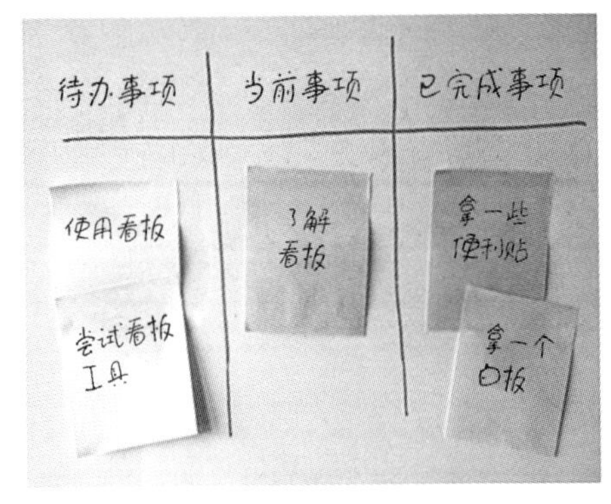

我有一条建议：不要在“当前事项”中放太多事情。“待办事项”可以放很多事，但是因为你一次只能处理几件事情，所以要抑制住马上在面前放很多项目或工作的冲动。

最后，你可能不明白为什么需要“已完成事项”。好吧，我不确定丰田公司以前是怎么想的，但我喜欢看到我完成了哪些事情，而不只是哪些事情还没做。出于某些原因，它能激励我坚持做其他事情。

斜杠人生：给那些拒绝选择的人的不同工作模式

你是一名斜杠青年吗？正如一位年轻的作家、研究员埃米莉·瓦布尼克（Emilie Wapnick）定义的那样，斜杠青年指的是不满足于单一职业的人。埃米莉的基本原则是多项潜能者要求多样化。这并不只是一件好事，如果你是一名斜杠青年，如果被迫只做一件事，你将会非常沮丧。

斜杠模式不只是“做一切你喜欢的事”，因为这也可能会令你失望。如果你不停地忙于一堆不同的项目，那么每一个项目也许都不会有真正的进展。这就是为什么埃米莉建议你为自己的斜杠人生找到一种工作模式的原因。

模式 1：一个支配一切的角色

如我们在本书中所见，一些人能够追求多种兴趣，但仍然在同一主题下组织它们。埃米莉将这称为“伞型职业”，在这个方法中，任务和角色也许不同，但它们利用的都是相同的技能和兴趣。例如，一位有全职工作的建筑师将重新装修租赁房屋作为副业，同时每周有一个晚上还在当地一家大学教授设计课程。

模式 2：明确区分两份或多份工作

我曾认识一名警察，她在周六的时候教瑜伽。她将这两份工作划分得很清楚，这两份工作没有逻辑重叠，涉及完全不同的技能。每周，她要做两份工作，警察是全职，瑜伽是兼职，并且不想放弃任何一个。这些工作相互独立，很少交叉。

模式 3：支持你真正感兴趣的工作

你听说过著名的专利审查员阿尔伯特·爱因斯坦吗？也许没有，至少不是以这个身份听说他的。但是在他创立相对论时，一周花 40 个小时在瑞士一间无聊的政府办公室工作就是他当时做的事情。这份工作他做了好几年，直到最后去大学教书。

有些人的兴趣可能没法直接挣钱，在这种情况下，他们或许最好在别处赚钱谋生，同时留出充足的时间和精力做他们真正热爱的事情。对爱因斯坦而言，专利局的工作不错。虽然不是什么令人兴奋的经历，但他可以用来维持生计并支持他真正的兴趣，你知道的，就是相对论。

模式 4：一次性自由职业

这种模式适合那些擅长全身心投入某件事，但不会一直做下去的人。这件事可能是只做一个夏天的兼职，或者有既定终点的一次性自由职业。埃米莉将这些人称为“连续型事业狂”，因为他们通常在快要结束第一份工作的时候就开始研究下一步计划。

尽管斜杠青年渴望多样性，但一定的体系可以帮你脚踏实地，要选择最适合你的模式。

同时做多件事

埃米莉·瓦布尼克大方地同意和我们分享一个练习，这个练习她曾用于那些试图打造斜杠人生的客户。回答这些问题不会花费太长时间，并且它们可能会引导你走上一条之前从未想过的路。

第 1 步：创建你的总清单

列出你所有的爱好和兴趣、过去和现在。标星或圈出目前真正牵动你心的事情。

第 2 步：尝试共同方法

针对每个标星的项目，回答这些问题：

- 是什么吸引你进入这个领域？
- 你的答案中能看到共同点吗？

然后回答这些附加问题：

- 对你来说哪些价值最重要？
- 是否有一些你要遵循的人生哲理？
- 你认为自己为什么做这些事情？
- 你能从选择背后发现一些隐藏的动机或驱动力吗？

第 3 步：试着将两种不相关的兴趣组合在一起

你感兴趣的某个领域的相关知识是否有助于另一个领域的受众？

随机将你列出来的项目两两组合在一起，填入下面的空格中：

为<u>兴趣 2 的受众</u>做<u>兴趣 1</u>。

你也许会得到一些愚蠢的句子，比如“为企业主管潜水”或“为小狗变戏法”，但请坚持下去。有时候最奇怪的组合结果成了最赚钱的生意，不过可能不是为小狗潜水。

Born for This

我听说有位厨师极其专业，她将自己的专业领域缩小到未加工的素食烹饪，专门烹饪牛油果和奇异籽。我们中的一些人天生就该干这些，并且有时候，成为你随机选择领域的顶尖专家会很有价值。如果那是你，并且你已经坚定了某种生活方式，这对你就很棒！但对于还在挣扎的其他人，还有别的方法。你不必选择一份工作，你可能有不止一种兴趣，那才是你吸引人的地方。

从事一种多层面的工作或同时做多种工作也许比集中做一件事需要更多努力。然而，你会发现，付出是有回报的，所以为什么不都去做，或者至少把几件事情做好呢？

你可以围绕自己所有的兴趣构建生活，而不必退而求其次。

13

学会放弃

目标

寻找合适的机会，拒绝不合适的

你的理想工作并不意味着就是终身职业。它只是你在特定时间的梦想，当你改变时，它可能会随着时间改变。所以要紧跟你的梦想，而这总是从跟随你的直觉、倾听内心的声音开始的。

萨曼莎
40 岁，企业家兼教练

> “永不言弃”是个糟糕的建议。真正的赢家会毫不犹豫地从失败的企业中抽身。要通过把握何时该放弃以及何时该坚持来掌握前进的艺术。

你有没有听说过这样一个故事：一名运动员面临重重障碍却拒绝放弃，最终克服一切困难赢得金牌。这会是一部很精彩的电影，但在现实中，大部分渴望成为职业运动员的人都失败了。这真的只是简单的数学：有人赢，就有人输。幸运的是，当谈及寻找命中注定的工作时，你通常不需要和成千上万人竞争。并且如果不顺利的话，你不必坚持。实际上，你也许不应该坚持。真正的赢家一直在放弃。

刘易斯·豪斯（Lewis Howes）是极少数真正有机会赢得金牌的运动员之一。他在两项运动上都是专业级的，先在俱乐部当职业橄榄球运动员，然后去了美国奥运代表队打手球。不幸的是，命运横插一脚，同时击碎了两个梦想。先是他在打橄榄球时受了伤，后是手球队未能在一场至关重要的资格赛中晋级。

在早期，刘易斯除了想成为职业运动员，就没想过别的事情。他把一切都给了这份事业，为了寻找更好的打球机会，他多次转学；他将所有的钱都用来买蛋白粉；一有机会，就在美国职业橄榄球大联盟（NFL）的教练面前展示自己的技巧。但现在大门正在关闭，不管他多努力，他重拾年轻时的体能和技术水平的机会非常渺茫。

刘易斯摔倒了，而且摔得很惨。他在没有后备计划的情况下，只能借宿在妹妹家，他的手上打着石膏，并开始做一切能够找到的零工，以此偿还不断增加的信用卡欠款。这不是他在成长过程中梦想的生活。

不过后来他意识到，他可以有另一个梦想。

短短几年间，刘易斯改变了自己的人生。他放弃了成为职业运动员的理想，开始走上一条完全不同的路。他成为一名企业家和顾问，创办了很多小公司并帮助作家们成功举办大型新书发布会。后来他创建了一档播客节目《伟人学校》（*School of Greatness*），节目囊括了来自 CEO、名人和专业运动员的成功经验。节目大获成功，当刘易斯推出几百集节目的时候，已经获得了几百万的下载量。

现在，刘易斯说，他觉得自己很幸运。他为一些事情倾注一切，结果并不顺利。但他没有变得意志消沉，就此赖在妹妹家，而是找到办法将精力转移到一系列不同的高效目标上。

当然，并非每个处于刘易斯境况下的人都同样幸运。很多“不断尝试”，结果未能获得重大成功的人从此一蹶不振。有时候，甚至那些真正成功过的人也很难再有事业上的第二春。**成功的真正秘诀在于，有选择性地放弃，你只需学会何时该放弃以及何时该坚持。**

发疯的危险

你可能熟悉这句老话，它常被认为出自阿尔伯特·爱因斯坦："疯狂就是重复做相同的事情，却期待不同的结果。"

爱因斯坦是对的，因为发疯或屡次失败的真正危险通常并不缘于做新的事情。确切地说，最糟糕的失败来自我们已经做了一段时间的事情。我们大多数人能清醒地意识到，如果我们尝试一些新的事情而结果并不顺利，我们就不会坚持做同样的事情并期待不同的结果。我们也许会再试一次，但通常会改变策略。即便是迷宫中的老鼠，在碰到同一个死胡同太多次之后，也会学着调整并尝试不同的解决办法。

当我们习惯于运用某种方法或行动方案而成功之后，更大的问题来了。如果某些事情暂时可行，后来行不通了，那个时候我们就会难以改变。我们不是因为愚蠢或不知道更好的选择才反复尝试相同的事情，而是因为我们喜欢熟悉的事情，并且改变很难。

"为什么行不通了呢？"我们问自己，"之前一直管用，也许我应该再试一次。"你应该振作起来然后反复尝试吗？也许吧。但如果你坚持用曾经管用的方法，就很容易屡试屡败，也许你应该试着用不同的方法。

让我们看看另一位运动员，他比刘易斯·豪斯更成功。你听说过著名棒球运动员迈克尔·乔丹吗？这可不是印刷错误。多年来，迈克尔·乔丹都是世界上最知名的人物之一。他带领芝加哥公牛队获得6次NBA总冠军，并且打破了几乎所有的联赛纪录。后来，他在 1992 年宣布要提前退役，这一公告成了全世界的头版头条。

尽管迈克尔 · 乔丹很出名，大部分人都不知道的一点是，他也喜欢棒球，他小时候就开始打，甚至当他在各大篮球场名声大振时，还在继续这项运动。

乔丹从篮球场退役两年后，同芝加哥白袜队（White Sox）签了约。他被分到小联盟球队，然后认真参加春训。不出所料，因为在职业水平上，运动技巧通常不能转换，所以他在篮球场的天赋并没有转换到棒球场上。实际上，他已经创造奇迹了：他打出几次全垒打，并在他参加的两个赛季中，有一季打出了相当好的 25.2% 的打击率，但这还远远不够。乔丹可以说是史上最好的篮球运动员，但他要极其努力才能适应另一种运动的特性。因此他没有继续挣扎，放弃了。

乔丹回归了篮球，很显然，这项运动他天生就擅长。在回归的头两周的比赛中，有一场他得了 55 分，而且此后还连续赢了 3 次总冠军。

何时该放弃，何时该坚持

没有一位客观的教练会鼓励迈克尔 · 乔丹继续打棒球，因为这项运动他只是稍微擅长。很明显，他有一条更好的路：回归篮球！当他确实这样做了以后，他再一次表现超群，继续主导联盟多年。

你在职业生涯中做出的重大决定对人生的影响，就像乔丹决定回归篮球对他的影响一样大。知道何时该放弃以及何时该坚持，就像一种不可能获得的超能力，但有 4 个清晰的策略可以让你增加优势。

1. 风险很低时，迅速改变或放弃

前文中，我提到了我是如何将专业从会计换成社会学的。我很快做出了这个转变，并不完全是出于偶然，因为没过多久我就发现自己不擅长会计。如果我不放弃，就可能无法通过考试。而且，在 1 ~ 2 个学期之后换专业不会妨碍我的学习。在这些学期里，我不只上会计课，还完成了一些所有专业都要学的通识课程。因此当我转到社会学专业时，课程方面并没有太落后。

实际上，换专业可能推动了我前进，而不是拖我后腿。如果我在放弃前再多学几个学期的会计，就不得不补更多的课，并且很可能难以跟上新专业的进度。况且，谁想做个不断换专业的大学生呢？你不会想从一个专业换到另一个专业，然后发现自己大学读了一半仍然没有目标吧。当风险很低时，早点改变更明智。

大一换专业 = 低风险

毕业前一个学期换专业 = 高风险

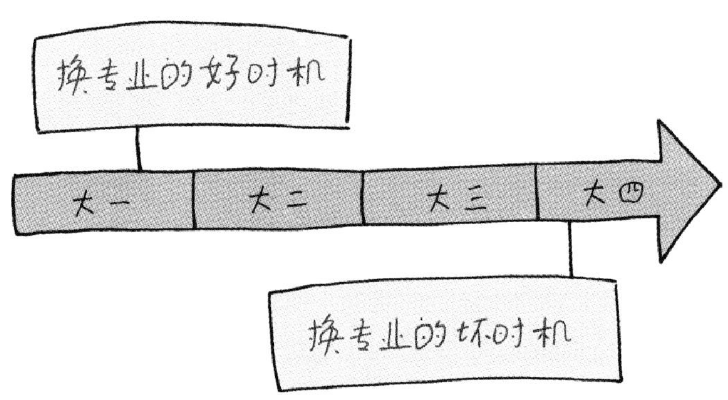

同样的分析方法适用于各种决定。不要浪费时间在小事上，当风险很低时，马上改变。

2. 克服你的错失恐惧症

有个叫《离金三英尺》（*Three Feet from Gold*）的故事在全世界的布道和励志演讲中反复被提起，因拿破仑·希尔（Napoleon Hill）写的一本畅销书《思考致富》（*Think and Grow Rich*）而广为流传。简单来说就是，一个在加利福尼亚淘金的人不断尝试找金子但总是一无所获，最终他放弃了，将工具卖给另一个人。这个人更认真并很快挖到了金子，而且就在离第一个人放弃处 3 英尺远的地方。这个故事暗含的道理显而易见：要是第一个淘金者继续坚持，就会找到金子，但他放弃得太早了。

这是个不错的故事，但它也使很多人仍然困在永远没有回报的处境中。谁也不能保证第一个淘金者会在第二天甚至 10 年后挖出金子。他很有可能会继续徒劳无功，甚至更糟。而与此同时，其他大门也会关上，其他机会也会溜走。正如我们不知道那条“未选择的路”上会发生什么一样，我们也不知道这位淘金者在放弃之后继续前行时会收获什么。

也许他拿着卖工具的钱投资路边的牧场然后大赚一笔，也许他没有这么做，但我们永远不会知道。也许（只是也许），他最终过得更好。

这些故事和这类想法并不都是戴尔·卡内基的错。这类想法和错失恐惧症（FOMO）直接相关。尽管它是一种非常正常和自然的人类情感，但如果它在你早该放弃时阻止你放弃，就会很危险。毕竟，如果你想成功，就不能带着恐惧生活。

3. 尽可能忽略沉没成本

你即使不用在蛮荒西部淘金，也很可能时不时地要买杂货。想象这个场景：这是杂货店忙碌的一天，此时也许正是下班后或重大节日前，每个人都在商店囤货。收银员忙碌不已，而你前面有好几辆塞满了香蕉、啤酒和薯片的购物车。做决定的时刻到了。你一直在规规矩矩地排队，突然另一条收银通道开了，你该怎么办？你已经花了 20 分钟在这条队伍排队，也许你应该坚持到底。

与此同时，你后面那个只排了 2 分钟的人挪了过去。他很快结账离开，而你还要等 3 辆装得满满当当的购物车。你在决定是否更换队伍时犯的错误在于，你考虑了已经花在排队上的时间，因此即便一个更理想的选项出现，你还是错误地坚持现有的选择。

你已经投资了多少并不重要，不管是时间、金钱还是其他资源。下一次在杂货店，如果一条更好的收银通道打开了，你就挪过去。

4. 用下面两个问题的答案来引导你做出决定

当风险很高而你需要选择是否放弃某个项目或行动方案时，问你自己以下两个基本问题：

1. 进展顺利吗?
2. 你还喜欢吗?

你不需要过度思考这些问题，也不应该美化答案。如果你在这两个问题上能忠于自己，从长远来看，你将会成功得多。“进展是否顺利”应该是一个客观的问题，而“你是否喜欢”应该相当直观。如果你不能马上确定第二个问题，想象一下你一天不想、不做这个活动或项目，会感觉如何？

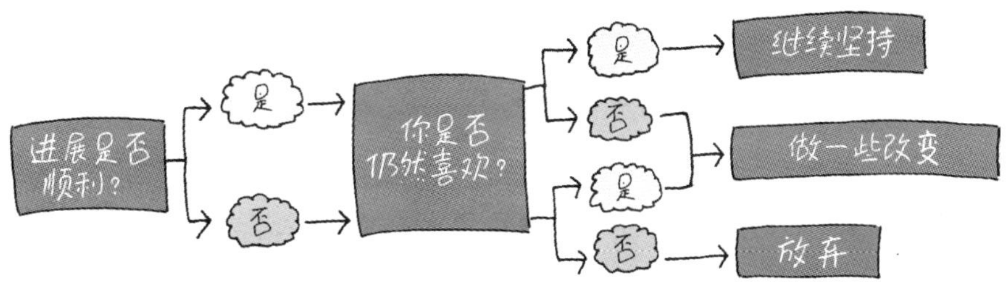

当这两个问题的答案相同时，不管是肯定还是否定，关于是否要放弃或者坚持的决定应该相当明显了。

当这两个问题的答案不同时，真正的挑战来了。出现这种情况时，你必须更深入地研究。假设你有一个赚钱的生意机会，但你不喜欢；或假设情况相反：某件事情你已经做了一段时间，还是很喜欢，但它可能不会成功。在第一种情况下你有钱但是不快乐，另一种情况下你拥有快乐但是没有钱。

如果这样的话，也许就有一段时间你能继续对工作、项目或行动方案保持相对满意，但这很可能不是你命中注定的工作，并且长期来看，你可能不会十分快乐或者成功。通常来说出现这种情况时，最好开始考虑转向别的事情，即使你在计划转型时已经坚持了一段时间。

5 年计划

声田公司（Spotify）的联合创始人兼 CEO 丹尼尔·埃克（Daniel Ek）将自己描述为传教士。他将之前的生意卖了一大笔钱之后，起初选择“退休”，开始了吃喝玩乐的生活。当他发现

> 飙车和昂贵的香槟只能提供短暂的快乐时，他放弃了退休生活，并创建了世界上最大的音乐下载服务平台之一。
>
> 但为了避免像在第一份工作中那样精疲力竭，埃克想出一个聪明的办法：给自己5年的“有效期”。“5年时间对我来说足够长，能让我去做一些有意义的事，但也足够短，因此我可以每隔几年就改变主意。”埃克告诉《纽约客》杂志，“我现在是在声田工作的第二个5年。两年以后，我将必须做出下一个5年计划。我将需要问自己是否还喜欢正在做的事。我的做法有点不寻常，但它让我目标明确。”
>
> 埃克的5年周期是一个连续重置的经典事例，不过这需要事先决定一个具体的终止日期。诚然，时间表会限制选择，但也带来了紧迫感。如果你知道自己在被迫放弃一项任务前只有两年时间去完成，你会如何改变你的做事方法？

人生戒毒：列出要放弃的东西

我们都有想要戒掉的坏东西，不论是咖啡因、糖、肥皂剧还是别的东西。如果你曾尝试放弃某些东西，就会知道这通常没有那么容易。你会突然之间想吃巧克力纸杯蛋糕外加一杯超大杯薄荷摩卡，哪怕你之前从不喜欢。

不过，另一种“戒毒”要容易得多。在很多情况下，如果你和别人一起工作，可能偶尔会养成降低工作效率的坏习惯，这些习惯剥夺了你做重要事情的时间，还让你一事无成。当你改掉这些坏习惯，就会看到立竿见影的效果，并且几乎没有任何坏处或怪癖的副作用。下面是一些可以尝试的好事情。

放弃对无用之事的控制欲

你不需要收到每一封邮件或知晓每一个决定。如果事情在朝着正确的方向发展，就不要干扰进程。即便情况并非如此，难道你真的需要每天处理额外的 200 条信息吗？

在没有做任何实质性事情的情况下，放弃塑造个人形象的欲望

在同事眼中看起来不错是个值得追求的目标，但是当你在共同目标上取得真正的进展时，你看起来是最好的。在发送一份可能没必要的邮件或承担一个可能没必要的任务或项目之前，问你自己："这重要吗？"

放弃凡事争第一这个不可能的梦想

如果你尝试做每件事，你必将落后。你要理解你的角色，无论是作为公司一员还是人类一员，都要对交给你的职责范围负责。不要担心其他同事，如果你做好了本职工作，哪怕不能再跟进它，那也没关系。

这里只列出了几个需要放弃的不良工作习惯，你可以列出自己的清单，并且今天就放弃一些东西。

开立紧急储蓄账户

紧急储蓄账户可以在发生财产损失时提供保障，无论损失来自失业、自然灾害还是坏了的洗衣机。但正如我在别处说过的那样，人际关系永远是你最大的资产。那么，为什么很少有人为人际关系开立紧急储蓄账户呢？

领英是考虑这个问题的一个有趣模型。如果你曾创建过领英账户，你可能添加了各种关于教育、求职和技能的细节。然后你会和认识的人建立“联系”，这些人通常来自你的电子邮件或公司通信录。在任何社交网络，要避免抽象地看待别人，他们不只是粉丝或关注者。

如果你有段时间使用领英或其他类似的服务，每次登录时你将会看到来自好友的更新，并且可能会开始收到越来越多与他人联系的邀请。它本质上是一个人际关系中心，就像待办事项清单是追踪工作任务的中心、日程表是跟进约会的中心一样。

你可以使用这个中心去创造一个“人际关系储蓄账户”，它将让你能更放心地做出重大转折或放弃某些事情，因为你知道在不确定时期有很多人可以帮助你，你会更有安全感。这并不意味着要收集世界上最伟大的名片集，而是要将真正的人际关系存入“银行”以备不时之需。不要等到“雨天”才开始增加你的人际关系储蓄账户，因为到那时就太晚了。相反，要马上开始。

以下是现在需要采取的一些行动：

- 将所有最近新认识的人作为联系人添加到你主要的社交账户；
- 问同事在忙些什么以及是否需要帮忙；
- 积极主动为联系人做一些具体的事情，不论是找某人填补职位空缺、把他们介绍给你的朋友，还是送给他们一本你认为有趣的书；
- 随时行善。

正如储蓄账户或退休计划的定期存款会随时间增加一样，你对人际关系银行账户的定期投资也会如此。

想赢？有时你需要开始一场新游戏

每本成功学书籍都有一章是关于不同名人如何克服困难、永不放弃，最终实现梦想的故事。这些故事你已经听过很多次了：世界一流的作家曾被100家出版商拒绝，最终获得认可并赢得诺贝尔文学奖；发明家最初1 000次实验均告失败，最终凭借改变世界的创新获得成功。

“不做，必定失败。”这是冰球传奇运动员韦恩·格雷茨基（Wayne Gretzky）的一句励志名言，经常被用来强调这些故事。这句话的字面意思是对的：如果你不去射门，就不能射中。但如果你总是错过球门，也许你就不应该再采用同样的射门方法。在现实生活中，就像在真正的冰球比赛中一样，实际情况是你没有无限次尝试的机会。教练会把你从首发阵容中撤下，队友将不会给你传球，他们会有另一种说法：“如果我们把球传给那个家伙，就会错过射门。”这样，你得分的机会将不再到来。

与普遍看法相反的是，如果你想赢，就不应该总是继续坚持。你应该重整思绪，尝试一些完全不同的事情。“赢家永不言弃，放弃者永无胜利”是一个谎言。想赢，有时你需要开始一场新游戏。

附录 1

工具箱

在本书中，我们探讨了若干原则和策略。以下是部分原则和策略的摘要，你也可以在 BornforThisBook.com 网站找到更多工具和资源。

01 成功的路不止一条。使用快乐 – 金钱 – 心流模型找到最佳路径。

职业生涯中有很多事情可以做，但最成功的人会找到快乐、金钱和心流的完美组合。他们已经成为职场赢家，并且不必在金钱和生活之间做选择。无论如何，找到命中注定的工作应该是你最重要的职业目标。

02 打造后备计划。它们可以让你冒更多风险并做出更好的选择。

拥有 B 计划甚至是 C ~ Z 计划没什么丢脸的。运用“如果……那么”方法为每一个职业选择制订后备计划，然后为后备计划再制订后备计划。如果一种方法行不通，就换另一种。

03 承诺每年辞职一次。

每年一次，在你选定的那天，对自己承诺：你将辞职，除非此时留在原地对你来说是最佳选择。如果是这样，那太好了。你知道自己走对了路，可以充满信心地前进。如果不是，马上开始找别的工作。

04 无论从事哪种职业，提升软技能都能够增加你的价值。

硬技能是你通过技术或学术培训学到的东西：如何用某种软件画建筑图纸，作为护士如何正确用药，等等。软技能同样重要，或许更重要，但通常不能从学校中学到。为了更有效率，也为了变得更有价值，请花时间提升你在写作、谈判、冲突管理和行动方面的软技能。

05 不要把事情记在大脑中。

你的大脑不是一个好的图书馆。你最好总是写下你的工作、后续步骤以及想法。如果你在寻找一个好的经营理念，对于别人问你的某个具体话题，写下你知道的一切。一步一步来，分享一切对你有帮助的东西。然后，一旦忘记，就看看你记的那些东西。

06 选择自己的职位。

选择你想要的职位，而不是现有的。写下关于你未来的专业和职责的职位描述。确定为了得到那个职位需要做些什么，然后根据目标倒推。

07 胜任你的工作从而创造最佳工作条件。

如果你为一家公司或组织工作，可以通过变得无可取代以及设法提高公司的赢利来建立安全感。时机合适时，可以考虑在公司内部或外部休年假，从而重整思绪并进一步提升技能。

08 即便你从未打算只做全职工作，也要开创一项副业。

副业可以提供安全感，并且没有人应该只有一个收入来源。运用“19 天开创副业”去创造一个全新的收入来源。如果你知道自己正在做什么，就可以运用“24 小时产品”的挑战来更快地结束。

09 不要害怕犯错。

犯错或在改正时改变方向没有关系，但最终你应该做出选择。你不应该担心犯一个错误，甚至很多错误。每个人都会犯错，真正重要的是你如何振作。不过，最终你肯定希望你的错误可以让你更接近命中注定的工作。而你离得越近，就越有选择性。

10 如果某事行不通，就放弃。

的确，如果你不去射门，就不能射中，但也许你不应该在一开始就射门。如果你始终射门失败，最终你就会被淘汰，然后再也不会有同样的机会。不要只是反复尝试，而要尝试不同的东西。“赢家永不言弃”是又一个有误导性的假设。真正的赢家一直在放弃，有时恰恰在他们中奖之前。

附录 2

“我将如何让你大赚一笔”

在第 3 章，我讲述了瓦妮莎·范爱德华兹的故事，她发送一封推销邮件给一家在线教育公司 Creative Live。瓦妮莎本可以请人引荐，但她选择了一种最初看起来很冒险的方法：给网站上的客服邮箱写邮件。

我想你会很乐意看看她是如何发起这个大提案的。你能用自己的方式做类似的事情吗?

下面的信息就是她发送的内容。

主题：这就是我让 Creative Live 公司大赚一笔的计划

尊敬的 Creative Live 团队：

我是你们平台的忠实粉丝，希望帮助你们创造下一门精彩的课程。我是一名专门研究人类谎言测试和肢体语言的行为研究者兼作家。

我为《赫芬顿邮报》(*Huffington Post*) 写作，并在网上和在世界各地教授肢体语言方面的课程和讲座。

我想为 Creative Live 开设一门人类谎言测试和肢体语言方面的课程。在不做任何营销的情况下，我在 Udemy 网站（开放式在线教育网站）上 3 个月内通过销售课程赚了 20 000 多美元。这是人们喜欢的话题，我很乐意教授。

我认为 Creative Live 会是这门课程的一个很棒的平台。如果你们愿意让我就这个话题对你们的团队进行推销，请告诉我。为了在 Creative Live 任教，我很乐意排除万难、施展魔法、开山搬石。

我已经附上提案供您查看。

祝好。

瓦妮莎

注：我的提案中有资质证明、课程回顾，还有一个叫作“为什么这门课程会大卖”的幻灯片，那是我为贵公司策划的营销方案。

这一切值得吗？这是来自瓦妮莎的最后一点信息：“在 Creative Live 授课的经历成了我一生中最美好的时刻之一。我记得在拍摄的第 3 天醒来时，我认为自己拥有全世界最棒的工作。这次推销完全值得！”

井字游戏永不败

我希望这本书已经教给你很多有用的经验。如果没有，至少你能学会更好地玩井字游戏。有了这些信息，你就再也不会输，只会赢或打成平局。

1. 如果你先走，永远从中心或者 4 个角开始。不要将棋子落在边缘位置，除非是防御对方即将到来的胜利。
2. 如果对手先走，永远在中心（只要你的对手没有选择中心）或角落回应。无论如何，在游戏第一轮，你都不应该选择边缘位置。
3. 无论是你还是你的对手先开始游戏，如果他犯了错误，你就应该都能获胜；如果他玩得很好，你们就将会打成平局。但不管怎样，只要你在游戏最开始的时候远离边缘位置，并且后来只是为了防御或者获胜才走在边缘位置，你就永远不会输。

哦，如果你想获得更多战术，可以查看下面这个最佳策略指南。

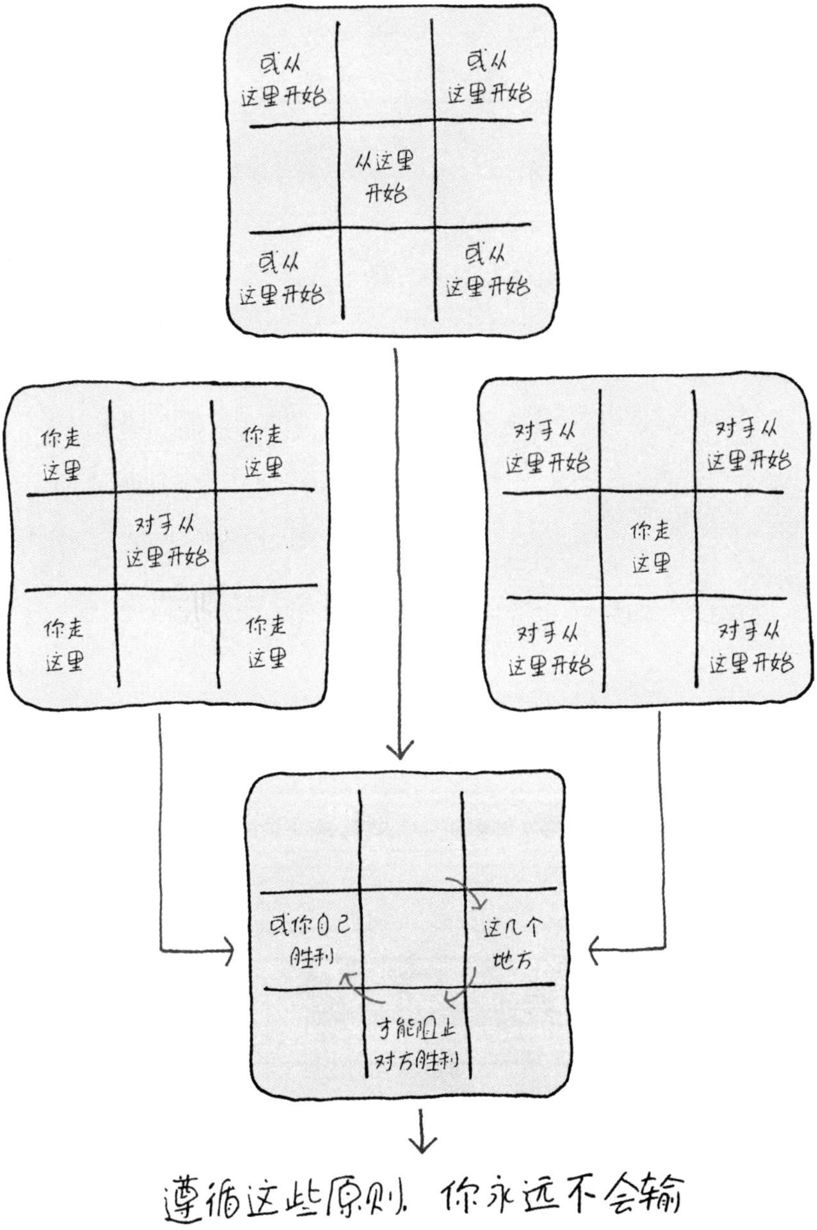

或从
这里开始

或从
这里开始

从这里
开始

或从
这里开始

或从
这里开始

你走
这里

你走
这里

对手从
这里开始

你走
这里

你走
这里

对手从
这里开始

对手从
这里开始

你走
这里

对手从
这里开始

对手从
这里开始

或你自己
胜利

这几个
地方

才能阻止
对方胜利

遵循这些原则，你永远不会输

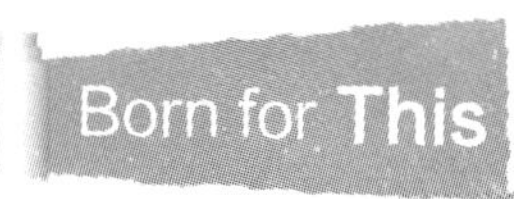

译者后记

人生没有剧本，也不需要剧本

我们的求学经历都很相似，跟着剧本安排读完小学、初中、高中和大学。而从踏入职场开始，我们没有了导演和编剧。除了个别从小就目标明确的幸运儿，大部分人对未来都茫然无措：我喜欢什么？我擅长什么？我应该做什么？

职业选择事关一生，所以我们慎之又慎，希望找到两点之间最短的直线。但大部分人都在迂回中摸索，在曲折中前进，并不可避免地产生一些焦虑：频繁跳槽是不是不应该？不知道自己想做什么是不是很可怕？一把年纪还没有安定下来是不是没救了？

别担心，克里斯·吉耶博的这本书就是一颗定心丸，它让我们知道，纵然是职场赢家，也曾有过类似的焦虑。比如，戏剧演员劳拉·西姆斯在暂停表演事业之后的几年间，做过教师、网页设计师、创意教练，结果均不理想。但这些经历并没有妨碍她继续尝试，反而帮她最终找到真正热爱并擅长的事情——成为一名快乐的职业规划师。

所以，任何一段经历都不会浪费，在或远或近的未来终会派上用场，帮你发现命中注定的职业。两点之间的确直线最短，但曲线也将让你抵达彼岸。没有剧本的人生，岂不别有一番滋味?

未来，属于终身学习者

我这辈子遇到的聪明人（来自各行各业的聪明人）没有不每天阅读的——没有，一个都没有。巴菲特读书之多，我读书之多，可能会让你感到吃惊。孩子们都笑话我。他们觉得我是一本长了两条腿的书。

——查理·芒格

互联网改变了信息连接的方式；指数型技术在迅速颠覆着现有的商业世界；人工智能已经开始抢占人类的工作岗位……

未来，到底需要什么样的人才？

改变命运唯一的策略是你要变成终身学习者。未来世界将不再需要单一的技能型人才，而是需要具备完善的知识结构、极强逻辑思考力和高感知力的复合型人才。优秀的人往往通过阅读建立足够强大的抽象思维能力，获得异于众人的思考和整合能力。未来，将属于终身学习者！而阅读必定和终身学习形影不离。

很多人读书，追求的是干货，寻求的是立刻行之有效的解决方案。其实这是一种留在舒适区的阅读方法。在这个充满不确定性的年代，答案不会简单地出现在书里，因为生活根本就没有标准确切的答案，你也不能期望过去的经验能解决未来的问题。

湛庐阅读APP：与最聪明的人共同进化

有人常常把成本支出的焦点放在书价上，把读完一本书当做阅读的终结。其实不然。

时间是读者付出的最大阅读成本
怎么读是读者面临的最大阅读障碍
“读书破万卷”不仅仅在“万”，更重要的是在“破”！

现在，我们构建了全新的“湛庐阅读”APP。它将成为你“破万卷”的新居所。在这里：

- 不用考虑读什么，你可以便捷找到纸书、有声书和各种声音产品；
- 你可以学会怎么读，你将发现集泛读、通读、精读于一体的阅读解决方案；
- 你会与作者、译者、专家、推荐人和阅读教练相遇，他们是优质思想的发源地；
- 你会与优秀的读者和终身学习者为伍，他们对阅读和学习有着持久的热情和源源不绝的内驱力。

从单一到复合，从知道到精通，从理解到创造，湛庐希望建立一个“与最聪明的人共同进化”的社区，成为人类先进思想交汇的聚集地，共同迎接未来。

与此同时，我们希望能够重新定义你的学习场景，让你随时随地收获有内容、有价值的思想，通过阅读实现终身学习。这是我们的使命和价值。

使用APP扫一扫功能，
遇见书里书外更大的世界！

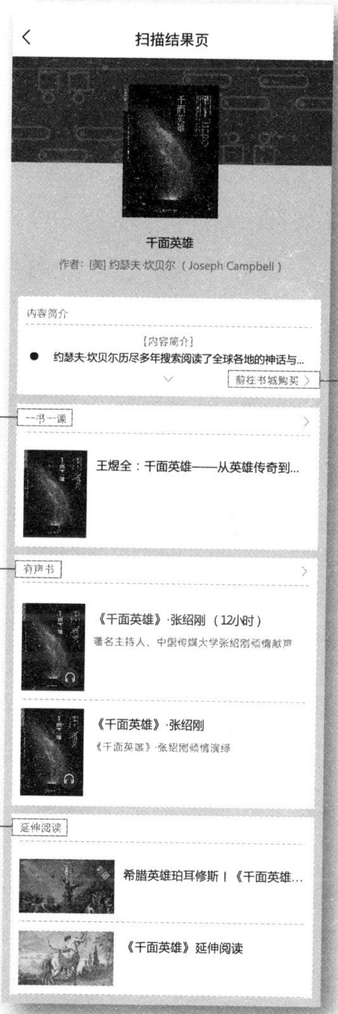

扫描结果页

千面英雄

作者：[美] 约瑟夫·坎贝尔（Joseph Campbell）

内容简介

【内容简介】

● 约瑟夫·坎贝尔历尽多年搜索阅读了全球各地的神话与...

前往书城购买

快速了解本书内容，
湛庐千册图书一键购买！

一书一课

王煜全：千面英雄——从英雄传奇到...

大咖优质课、
献声朗读全本一键了解，
为你读书、讲书、拆书！

有声书

《千面英雄》·张绍刚（12小时）

著名主持人、中国传媒大学张绍刚倾情献声

《千面英雄》·张绍刚

《千面英雄》·张绍刚倾情演绎

延伸阅读

希腊英雄珀耳修斯丨《千面英雄...

《千面英雄》延伸阅读

你想知道的彩蛋
和本书更多知识、资讯，
尽在延伸阅读！

延伸阅读

《深潜：10 步重塑你的个人品牌》

- ◎《财富》《Inc.》《纽约时报》推崇的“品牌专家”“个人重塑专家”倾力巨献！
- ◎ 重塑个人品牌的绝佳指南，打造你的形象和未来的不二之选！
- ◎ 古典、秋叶、罗伯特·西奥迪尼等激赏推荐！

《远见》

- ◎ 来自奥美互动全球首席执行官 30 余年的职场洞察。
- ◎ 3 大职场燃料，4 大黄金问题，5 个关键数字，100 小时测试，带你用远见思维规划职业生涯的三大阶段。
- ◎ 杨石头、傅盛、刘惠璞等激赏推荐！

《优秀到不能被忽视》

- ◎ 本书是畅销书作家卡尔·纽波特写给每一位职场人的醒脑剂，是在“鸡汤”和“鸡血”盛行之下对工作和人生的深度思考和探寻。
- ◎ 本书也是投资自己、创造一番事业的重要指南！
- ◎ 我们当前生活的这个世界里，当激情思维被片面地鼓吹时，本书发出了极其重要的声音。

《成功与运气》

- ◎ 通俗经济学鼻祖，畅销书《牛奶可乐经济学》作者罗伯特·弗兰克全新力作。
- ◎ 一本媲美《异类》的成功动力学力作。
- ◎ 2016 年度《金融时报》·麦肯锡最佳商业图书入选作品，诺贝尔经济学奖得主乔治·阿克尔洛夫倾情推荐。

图书在版编目（CIP）数据

这才是我要的工作 /（美）吉耶博著；严亚慧译．—杭州：浙江人民出版社，2018.2

ISBN 978-7-213-08636-6

Ⅰ．①这⋯ Ⅱ．①吉⋯ ②严⋯ Ⅲ．①职业选择－通俗读物 Ⅳ．①C913.2-49

中国版本图书馆 CIP 数据核字（2018）第 020454 号

浙江省版权局
著作权合同登记章
图字：11-2017-242 号

上架指导：畅销书 / 职场励志

这才是我要的工作

[美] 克里斯·吉耶博　著
严亚慧　译

出版发行：浙江人民出版社（杭州体育场路 347 号　邮编　310006）
市场部电话：（0571）85061682　85176516
集团网址：浙江出版联合集团　http://www.zjcb.com
责任编辑：王　芸
责任校对：朱　妍　张志疆
印　　刷：石家庄继文印刷有限公司
开　　本：720mm × 965mm 1/16　　印　　张：15.75
字　　数：197 千字　　插　　页：1
版　　次：2018 年 2 月第 1 版　　印　　次：2018 年 2 月第 1 次印刷
书　　号：ISBN 978-7-213-08636-6
定　　价：69.90 元